실패학개론

실패학개론

실패 속에서 배운 진짜 사업의 성공 법칙

초 판 1쇄 2025년 02월 27일

지은이 이영제
펴낸이 류종렬

펴낸곳 미다스북스
본부장 임종익
편집장 이다경, 김가영
디자인 임인영, 윤가희
책임진행 김은진, 이예나, 김요섭, 안채원, 장민주

등록 2001년 3월 21일 제2001-000040호
주소 서울시 마포구 양화로 133 서교타워 711호
전화 02) 322-7802~3
팩스 02) 6007-1845
블로그 http://blog.naver.com/midasbooks
전자주소 midasbooks@hanmail.net
페이스북 https://www.facebook.com/midasbooks425
인스타그램 https://www.instagram.com/midasbooks

ISBN 979-11-7355-095-9 03190

값 **18,000원**

미다스북스는 다음세대에게 필요한 지혜와 교양을 생각합니다.

The Introduction to Failure

실패학개론

이영제

실패 속에서 배운 진짜 사업의 성공 법칙

미다스북스

실패에서 배운 것만이
진짜다

그냥 돈을 벌고 싶었다. 20대에는 일식집에서 일하면서 새벽에는 찹쌀떡도 팔았다. 30대에는 아웃소싱한다고 사람들 데리고 공사 현장을 누볐다. 돈을 많이 벌기도 했지만, 돈 떼이는 일, 사람에게 배신 당한 일, 8개의 소송을 동시에 감당한 일 등을 되새겨 보면 평범한 사업가에게는 너무 가혹한 운명이다 싶을 때도 있었다. 하지만 이 모든 일은 나를 강하게 만들었다. 사업에서 생길 수 있는 웬만한 일에는 흔들리지 않는 멘탈을 갖게 됐다. 말만 몇 마디 나눠 봐도 이 사람과 함께 일을 해도 되는지 안 되는지 판단할 수 있는 '촉'이 생긴 것도 좋은 점이라고 할까.

이 책은 '돈을 버는 일'을 처음 했을 때부터, '단열재' 사업

등 2023년도 소유 지분의 매출 총합 100억을 달성한 지금까지의 이야기를 담았다. 이건 성공 스토리가 아니다. '실패 스토리'다. 나는 결코 지금 성공했다고 생각해 본 적 없다. 마찬가지로 내 인생이 실패했다고 생각해 본 적도 없다. 그저 하나의 사업, 하나의 일이 실패로 돌아갔을 뿐이다. 내 인생은 관뚜껑 닫힐 때까지 결정된 게 아무것도 없지 않은가. 내 처절한 실패를 통해, 누군가는 나와 비슷한 경로를 가지 않았으면 하는 마음에 거친 에피소드들도 최대한 가감 없이 적으려 노력했다. 나처럼 거친 날들을 지내고 있을 세상 어딘가의 '야수'들이 이 책으로 조금이나마 도움을 받을 수 있다면 좋겠다는 마음에서다.

이 책은 실패한 이야기들 위주로 구성했다. 실패는 항상 배울 점을 남겼다. 실패 끝에 배웠던 것들을 누군가가 흡수한다면, 나처럼 실패하지 않을 수 있을 거라 생각했다. 17년이라는 시간 동안 좌충우돌하며 겪은 시행착오를 누군가 이 책 한 권을 읽고 단 하나라도 줄일 수 있다면, 책을 쓴 목적을 달성한 것이다. 실패했던 시절의 바보 같은 모습을 최대한 적나라하게 드러내기 위해 에세이의 형식을 빌렸다. 하지만 이 책에서 독자들이 재미보다 교훈을 많이 가져갔으면 하는 바람이다. 자살을 각오할 정도로 처절했던 내 사업과 같은 방식이 아닌, 더 현명한 방식으로 사업을 운영하셨으면 한다.

책을 쓰기 위해 과거를 복기하면서, 너무 고통스러워서 기억하고 싶지 않은 기억을 꺼내보는 게 가장 힘든 일이었다. 아프기만 한 실패의 기억을 꺼내서 활자로 옮기는 일은 혼자서 버겁기도 한 일이라, 주변의 여러 사람들이 도움을 줬다. 특히 뻣뻣한 '옛날식 가장'이 되어 버린 나를 조용히 응원해 주는, 가족들의 힘이 제일 컸다. 돈을 버는 것도, 세상의 풍파를 온몸으로 견뎌내는 것도, 사실은 모두 가족을 위해서 하는 일이다. 졸저 같은 인생을 사랑해 주는 가족들에게 이 책을 바친다.

1부

연매출 10억까지

: 사업 초기 실패에서 배운 전략들

실패들은 내 삶의 진정한 스승이었다.
만약 내가 겪은 실패를 누군가 배워 갈 수 있다면,
나보다 5년, 아니 10년 정도는 빠르고 단단하게 성장할 수 있지 않을까.

The introduction to Failure

팔리지 않으면,
파는 곳을 바꿔라

물건이 팔리지 않으면, 살 사람이 없는 것이다. 만약 제품이 잘 팔리지 않는다면, 살 사람이 없는 곳에서 팔고 있을 확률이 90%라고 생각해야 한다. 살 사람이 있는 곳을 찾는 게 사업에서 가장 먼저 해야 할 일이다.

2003년, 나는 충청도에서 서울로 막 올라온 촌놈이었다. 낮에는 일식집에서 일하고, 밤에는 노량진 거리에서 찹쌀떡을 팔았다. 몸뚱아리 말고는 아무것도 없는 내가 '행동'만으로 돈을 벌 수 있다고 확신하게 해 준 게 바로 찹쌀떡이다. 사실 수익 구조는 단순했다. 떡 공장에서 파는 가격의 반값에 가져와서, 판매 가격의 절반을 마진으로 먹는 방식. 그래서 몇 푼이나 남겠나 싶겠지만, 잘만 팔면 하루에 50만 원 어치를 팔 수 있었고, 그중 절반인 25만 원이 순수익이었다.

어떤 사람들은 내가 엄청나게 외향적인 성격이어서 가능했다고 생각할 수도 있다. 물론 지금의 나는 산전수전을 다 겪고 강골처럼 살고 있지만, 사실 20대 초반의 나는 충남 예산에서 이제 막 서울에 올라온, 부끄러움 많고 세상물정도 모르는 뜨내기 촌놈이었다. 한창 멋부려야 할 나이에 찹쌀떡 통을 메고 사람들 앞에서 '찹쌀떡!'을 외쳐야 한다는 게 너무 부끄러워서, 뿔테 안경에 유행하던 비니까지 써서 얼굴을 가리고 다녔다.

그런데 부끄럽다고, 얼굴을 다 가릴 거면서도 굳이 찹쌀떡을 팔았던 이유는 딱 하나, 내 '목표' 때문이다. 그 당시 내가 꿈꾸던 건 그저 소박한 가게였다. 다른 사람의 간섭 없이 내가 하고 싶은 일을 할 수 있는 작은 공간. 그런데 낮에 일하는 급여만으론 택도 없었다. 마침 친구가 팔던 찹쌀떡을 이어받을 수 있는 기회가 생겼고, 나는 고민할 겨를도 없이 냅다 "하겠다!"고 외쳤다. 목표가 있으면, 즉시 행동해야 직성이 풀리지 않나. 찹쌀떡 통을 받은 즉시 거리로 뛰쳐나갔는데, 막상 '찹쌀떡!'을 외치려니 온몸이 부끄러움으로 달아오르는 게 문제였다.

하지만 사람이 간절하면 별별 수를 다 쓰게 된다. '떡을 팔겠다'는 일념 하나로, 노량진 거리를 괴성처럼 '찹쌀떡!'을 외치며 누볐다. 내 또래들은 밝은 불빛 아래서 낭만적으로 술을 마시고 있었지만, 나는 미친 듯이 걸어 다니면서 "찹쌀떡!"을 지르고 다녔다. 그런데 첫날은 실패였다. 새벽까지 5시간 넘게 걸어 발이 퉁퉁 부었는데, 손에 남은 건 잔돈뿐이었다. 생각해 보니, 그날 노량진1동 쪽에서 떠들었는데, 사실 거긴 젊은 사람들이 술 마시는 곳이라 내 '고객'이 없었던 것이다. 80년대생인 내 또래들이 '찹쌀떡'에 무슨 추억이 있겠나. 아마 어른들의 옛날 추억 이야기를 듣거나, 드라마에서 본 게 전부였을 거다.

그렇게 찹쌀떡 파는 데도 실패가 있는가 싶었지만, 실패는 나를 오히려 강하게 만들었다. '이렇게 하면 안 팔린다.'라는 교훈을 얻고, 다음 날에는 더 발로 뛰면서 방법을 찾았다. 결국 답은 '고객이 있는 곳'으로 가야 한다는 거였다. 그래서 40대 이상 어른들이 술 마시는 노량진2동 쪽으로 장소를 옮겼고, 그곳에서 잔뜩 취한 아저씨들에게 "찹쌀떡!"을 외쳤더니,

전날과 달리 곧잘 팔렸다. 어떤 분들은 "찹쌀떡을 파는 젊은 친구가 재밌다"며 사 주셨고, 어떤 분들은 그냥 술에 취해 시원하게 지갑을 열었다. 신기하게도, 장소를 바꾸기만 했는데도 하루 매출이 크게 올랐다.

하지만 '고객이 있는 곳'을 찾는 게 전부는 아니었다. 새벽에 주택가를 다니며 고시생들에게도 팔 수 있다는 걸 알게 됐다. "이거 안 먹으면 떨어질 텐데요?" 같은 짓궂은 말까지 내뱉으며, 그들의 불안한 마음을 파고들었다. 물론 그런 방식이 조금 찜찜하기도 했지만, 당시의 나로선 그게 최선이었다. "합격하세요!"라는 말을 한가득 담아 찹쌀떡을 쥐어 주니, 매출이 쑥쑥 올라갔다. 고시생 입장에서는 '혹시나 도움 될지도 모른다' 싶었을 것이다.

결국 중요한 건, 고객이 있는 곳을 찾아가는 것이었다. 고시생들에겐 '합격'을 내세운 찹쌀떡이 먹혔고, 술 취한 아저씨들에겐 '추억'을 강조하면 통했다. 살 사람이 있었다는 말이다. 그 사람들을 직접 만나 대화도 하고, 그들의 상황에 맞춰가면서 포장과 멘트를 달리하니, 살 사람만 찾으면 물건이 안 팔릴 리가 없다는 확신이 생겼다.

그렇게 잠을 서너 시간밖에 못 자면서도 낮에 횟집에서 일하고, 밤에는 찹쌀떡을 팔았다. 3개월 동안 그렇게 살았더니 1,500만 원이라는 돈을 모았다. 온전히 찹쌀떡을 팔아서 번 돈이었다. 행동 하나만으로도 돈을 만들어 낼 수 있다는 걸, 몸으로 느낀 순간이었다. 솔직히 돈만을 위해서였다면 아마 더 팔았을지도 모르겠다. 하지만 내 목표는 돈 자체가 아니라, 가게를 갖는 것이었다. 웬만큼 가게 계약할 자금이 마련되자, 미련 없이 찹쌀떡을 접었다. 그리고 찹쌀떡 보관에 애를 먹을 계절도 다가와서 그만둘 핑계로도 딱 맞았다. 가게를 계약한다는 생각에 들뜬 채로, 난 곧장 다음 목표를 향해 나아갔다. 그 떨림이랄까, 기대감이랄까. 세상을 다 가진 기분이었다.

이 시절을 겪으며 배운 건 간단하다. 팔리지 않으면, 그냥 파는 곳을 바꾸면 된다는 것이다. 고객이 없는데도 계속 같은 자리에 서 있으면 영원히 팔릴 리가 없다. 오히려 고객이 있을 만한 곳을 찾아 그들의 이야기를 듣고, 그들의 필요에 맞춰 물건을 건네는 게 사업의 본질이었다. 나처럼 작은 찹쌀떡 하나로도 '돈을 만들 수 있다'는 확신을 얻는 과정이, 직접 해 보기 전까지는 쉽지 않다. 안 팔릴 땐 좌절하지 말고, 그냥 파는 곳을 바꿔라. 그러면 팔린다.

무엇이든
일단 의심하라

사업을 하는 사람들은 의심이 기본적으로 깔려 있어야 한다. 내 사업이 실패하기 시작할 때의 공통점은 믿지 말아야 할 것을 믿었을 때였다. 일단 가격이 싸면 무조건 의심부터 해 봐야 한다. 세상에서 당신에게 아무 이유 없이 무엇을 주는 것은 당연히 없다고 생각해야 한다. 그리고 친한 사람도 항상 조심해야 한다. 나를 궁지로 몰아넣었던 사람의 대부분은 친하다고 믿었고 의지했었던 사람이었다. 나는 심각한 실패의 구렁텅이로 빠졌다가 나오면서, 항상 의심하는 습관이 생겼다. 그 이후, 내게 벌어지던 사건과 사고들은 드라마틱하게 줄었다.

가게를 차리기 위해 매물을 열심히 발품 팔던 시절, 원하던 가격보다 훨씬 좋은 매물을 찾았다. 그 가게는 모든 것이 완벽했다. 나는 당장 계약서를 썼다. 이 매물 놓치는 순간 평생 후회할까 싶어서였다. 하지만 일은 내 예상과 전혀 다른 방향으로 흘러갔다. 가게를 어떻게 하면 잘 꾸밀지, 어떤 집기들을 배치할지 고민하던 내게 어느 날 연락이 왔다. 내가 가게 매물의 두 번째 계약자라는 것이었다. '두 번째 계약자'가 무슨 말인가 싶었다. 이야기를 들어보니, 부동산에서 작정을 하고 이중, 삼중으로 계약을 해서 계약금을 받고 도주했다는 것이었다. 어쩐지 너무 가격이 저렴했다는 생각이 스쳐갔다. 한 번이라도 의심해 볼 수 있었을 텐데, 세상 물정을 모르기도 했고 아직 시작하지도 않은 가게와 너무 사랑에 빠져버렸던 게 문제였다. 계약을 서둘렀던 것을 후회할 거라고는 조금도 상상하지 못했다.

이 일이 있은 후로, 계약을 할 때 철두철미하게 중개인을 포함한 계약당사자들이 믿을 만한 사람인지 끊임없이 검증하는 습관을 들였다. 이 습관이 도움이 됐던 것인지, 그 이후에 계약과 관련된 사고는 발생하지 않았다. 엎친 데 덮친 격으로 찹쌀떡 팔아 간신히 모은 돈을 한순간에 날려버린 것도 문제였지만, 지금 당장 생활비가 없다는 게 더 큰 문제였다. 손목에 3도 화상을 입어서 다시 일식을 시작하는 것도 어려웠다. 사람이 가장 약해지면 주변 사람에게 푸념을 한다. 내 딱한 사정을 듣던 친구 중 하나가, 자기 어머니가 양평에서 과자 공장을 하고 있으니, 지금 내 사정을 잘 설명해 주겠다고 했다. 내가 가려는 곳은 물을 많이 쓰는 일도 아니라서, 다행이다 생각하고 일단 생활비를 벌기 위해 무작정 양평의 과자 공장으로 향했다.

　과자 공장은 생각했던 것보다 시설이 열악했다. 하지만 생활비를 벌기 위해 공장에 온 마당에, 환경을 탓할 여유는 없었다. 일이 힘든 대신 그 당시 급여로 한 달에 180만 원을 준다고 했으니, 군인 정신으로 주어진 일을 무작정하기로 결심했다. '오꼬시'라는, 물엿이 들어간 동글동글한 전통 쌀과자가 있는데, 그 과자의 반죽은 정말 질겼다. 지금이라면 공장에서 반죽 기계들이 열심히 반죽을 치겠지만, 그 시절에는 장화를 신고 꾹꾹 밟으며 반죽들을 단단하게 만들었다. 다리가 부서질 정도로 밟아도 반죽은 어찌나 잘 안 되던지. 정말 노역을 하는 느낌이 들어 죽을 맛이었다.

심지어 일한 시점이 딱 추석 명절 전이라, 거의 12시가 될 때까지 택배 포장까지 했다. 그리고 기상은 7시. 잠자고 밥 먹는 시간 외에는 전부 다 노동에 투입해야 했다. 현대판 노예 생활의 시작이었다. 과자 제조를 담당하기도 했지만, 그당시 동네 '슈퍼마켓'에 '센베이(단단한 식감의 전통과자)'를 영업하는 일까지 맡았다. 지금 생각하면 놀랍겠지만, 쉬는 날도 없었다. 공장은 30일 풀가동이었고, 사람들도 30일 풀 근무였다. 이런 컨디션으로 한 달쯤 일하다 보니, 이건 사람이 할일이 아니었다. 나를 도와주겠다던 친구와 친구 어머니를 철썩 같이 믿었던 내가 바보 같았지만, 생활비를 벌기 위해 온만큼 돈만 보며 참자고 다짐했다.

그런데 내 분노는 첫 급여일에 터져버렸다. 180만 원을 준다고 해서 30일을 14시간씩 일한 것인데, 급여로 120만 원을 지급한 것이다. 나머지 60만 원은 어디 있냐고 따져 묻자, '숙식 해결'해 주는 대가로, 60만 원을 공제했다는 대답을 들었다. 지금 생각해 보면 어리고 무지해서 가능했고 '가족 같은'이라는 말에 또 한번 당했던 것 같다. 나는 그날로 태업에 들어갔다. 수당도 없는 주말 근무는 거절했고, 일도 통상적인 근무 시간에만 하고, 방에서 나오지 않은 것이다. '친구 어머니'라고 생각했던 그 공장 사장은, 내가 무슨 말을 해도 들을 녀석이 아니라는 것을 느꼈는지, 친구를 통해 이런저런 이야기를 전했다. '친구'라고 생각했던 그 녀석은 '공장의 근무 환경이 이런 줄은 몰랐다, 미안하다'며 사과했다. 그렇게 태업을 끝으로 두 달 만에 양평 공장 생활을 마치고 나왔다. 당장의 생활비는 손에 넣을 수 있었지만, 앞으로 살아갈 길이 막막한 것은 어쩔 수 없었다.

그래도 좋게 생각하기로 한 것은, '주변 사람을 지나치게 신뢰하는 것은 위험하다'는 생각을 어렴풋이 하게 됐다는 것이다. 하지만 정이 많아서였는지, 믿을 사람을 주변에 두는 능력이 부족했던 것인지, 그 후에도 사업에서 사람이 문제가 된 경우가 많았다. 그래서 '누구와 협업할 것인가?'를 결정하는 것은 내게 정말 중요한 일이다. 초기 사업가라면, 주변 사람을 아예 믿지 말아야 한다. 결과적으로 내게 극심한 손해를 입혔던 것은 내가 친구, 친척이라며 믿었던 사람들이었다.

'무엇이든 일단 의심하라'는 원칙을 20대부터 세우고 사업을 했다면, 이후 15년간 겪었을 무수한 시행착오를 단 한 번도 겪지 않고 사업을 성장시킬 수 있었을 것이다. 아, 그리고 나중에 알게 된 이야기인데, 과자 공장 사장은 아들과 소송 중이라고 했다. 한 사람을 대하는 모습을 보면, 다른 사람을 대하는 모습도 파악할 수 있다. 초기 사업가들은 사람 보는 눈을 꼭 길러야 한다. 양평에서 돌아오며 나는 다짐했다. 친한 사람과 협업하지 않는다. 이것은 잘되면 본전이고 안되면 큰 손실로 다가온다. 결국 검증되지 않은 믿음은 나를 망친다. 당신도 기억하라. 사업이든 인생이든, 무엇이든 의심하는 습관이 있으면 실수할 여지가 줄어든다.

사업에
쉬운 방법은 없다

"쉽고 빠른 길은 함정이다."

사업이든 인생이든 쉽게 돈을 벌 수 있는 방법은 없다. 내가 그 함정에 빠졌을 때, 몇 달간 5천만 원을 손에 쥐었지만 그 돈은 오래 가지 않았다. 결국 사업의 본질은 '가치를 고객에게 주는 일'이어야 한다. 쉽게 간다는 것은 주는 가치보다 받는 대가가 더 크다는 것을 뜻하고, 결국 그 구조는 오래 유지하기 어렵다. 나는 마케팅회사에 입사해 배운 영업기술로 금방 마케팅회사를 차려 봤지만, 오래지 않아 무너질 수밖에 없었다. 사업에 쉬운 방법은 없다.

양평에서 돌아온 2007년 여름, 일단 손을 쓰지 않고 할 수 있는 일을 찾다 보니, 가능한 일이 많지 않았다. 그때는 알바

몬처럼 구인구직 사이트도 원활하지 않았으니, 지인들을 총동원해 당장 일할 수 있는 곳을 찾았다. (그때는 '지인'을 통해 하는 것이 안전하다 믿었는데, 그것은 크나큰 착각이었다.) 서울에서 알고 지내던 형님 중 한 명이 구로 디지털단지 안에 있는 마케팅회사에서 일할 의향이 있냐고 물었다. 똥오줌 가릴 처지가 아니었다. 기숙사까지 있다고 하니, 그냥 다음 날 바로 간다고 했다.

이 회사는 '아웃바운드 마케팅 회사'였는데, 네이버에 상위노출을 시켜 주는 마케팅 계약을 따내면 돈을 받는 구조였다. 영업하는 방식도 무식할 정도로 단순했다. 네이버에 키워드를 검색하고, 그 키워드에 나오는 회사들에 마구잡이로 전화를 거는 방식이었다. 그래도 회사다 보니, 어떻게 말을 시작할 것인지를 적어놓은 '도입부 스크립트'는 있었다. 다짜고짜 전화를 걸어서 400만 원짜리 마케팅 계약을 성사시켜야 했는데, 놀랍게도 나는 '영업'에 재능이 있다는 것을 그때 알았다.

영업의 재능이라는 건, 별게 아니었다. 그냥 전화를 '많이' 거는 것은 기본이 되어야 한다. 여기서 중요한 것은 전화를 받은 사람이 받자마자 끊지 않게 하는 것이었다. 스크립트를 준 대로 읽으면 대부분의 고객은 전화를 바로 끊게 된다. 그래서 식상하지 않은, 나만의 멘트를 만들어야 했다. 물론 처음부터 쉬웠던 건 아니다. 하다 보니 길이 보이고 갈피가 잡혔다. 그 후에는 비교와 비유를 적절히 사용해 신뢰를 얻어냈다. 그리고 이 상품에 대기자가 있는 듯이 상담을 해 줬다. 고객에게 선택을 서두르게 하는 방식이었는데, 계약 직전 결제수단을 입력할 때 카드번호를 받아야 하는 대목에서 많은 사람이 전화를 끊곤 했다. 그래서 카드번호를 받아 내는 과정을 더 과감하게 시도했다. 지금 생각하면 너무 무리했던 것 같지만, 이런 식이었다.

"카드번호요."

"카드번호는 왜요?"

"그러면 현금으로 내시게요?"

사실 카드번호를 주지 않으려는 이유는, 이 계약을 정말 해야 할지 확신이 안 서기 때문이다. 하지만 이렇게 말하면 고객은 결제수단을 입력하는 문제로만 신경이 쏠려, 고민할 틈이 줄어든다. 주민등록번호 같은 개인정보를 받을 때도 마찬가지였다. 업무 처리를 위해서 필요하다고 단호하게 말하면,

웬만하면 넘어왔다. 물론 아주 작은 목소리나 우물쭈물한 태도로 나오면, 신뢰가 급속도로 떨어지니 주의해야 했다.

어쨌든 이렇게 당당하고 빠르게 영업을 하니, 첫 달에 그 회사에서 가장 많은 계약을 성사시킬 수 있었다. 다음 달도 같은 방식으로 무지막지하게 전화를 걸고 계약을 따내다 보니, 또 1등을 했다. 하지만 사람은 성과가 나오면 게을러지고, 자만하기 마련이다. 전화를 하는 것 자체가 귀찮아졌고, 누군가의 지시를 받으면서 일하기도 싫어졌다. 그래서 두 달 만에 직접 회사를 차리겠다고 마음먹었다. 항상 그렇듯, 성과가 눈에 띄면 누군가가 다가오는 법이다. "너 정도면 나가서 차려도 되겠다. 같이 차려서 해 보자."라는 식이었다.

하지만 불과 몇 달 배운 영업기술로 창업을 해서 성공하는 건 거의 불가능하다. 10살짜리 아이도 알 법한 사실이지만, 그때의 나는 그걸 뻔히 알면서도 그냥 뛰쳐나왔다. 그리고 영업 자체도 하기 싫은 마음이 커져서, 잘못된 선택을 해버렸다. '악성코드'에 의지하는 방법을 택한 것이다. 2000년대 초반 PC방에는 컴퓨터를 켜면 팝업창이 무수히 뜨곤 했다. 새로 차린 마케팅 회사는 팝업창에 광고를 넣어 줄 회사를 찾아 계약을 맺고, PC방을 돌며 직접 악성코드를 설치하는 방식으로 돈을 버는 구조였다. USB에 악성코드를 담아 끊임없이 심었고, 며칠 뒤에 가 보면 삭제된 걸 확인하고 다시 깔기를 반복했다. 당시엔 아직 그게 통했으니, 몇 달 만에 5천만 원을 벌 수 있었다.

문제는 이 일이 본질적으로 '가치'를 주는 사업이 아니었다는 거다. 그냥 눈앞의 계약을 따내서 내 주머니만 불리는 방식이었으니, 장기적으로 갈 수 없었다. 컴퓨터 백신이 점점 발전하면서 내 악성코드도 오래 못 버텼고, 불법과 합법의 경계선에서 일하는 거 자체가 너무 힘들었다. 그래서 몇 달 만에 사업을 접었다.

창업 초기에 자주 빠지는 함정이 '더 빠르고 편하게 돈 버는 길'을 찾아 헤매다가, 결국 본질은 놓치는 것이다. 나 역시 '직접 고객과 소통하며 오래 가는 가치'를 고민하지 않았고, 편한 길로 돌아서다가 함정에 빠졌던 셈이다. 세상에 '쉽게 돈 버는 길'이란 없고, 설령 잠깐 벌 수 있어도 오래가진 않는다. 하기 싫은 일을 무식하게 반복하면서, 거기서 조금씩 개선해 나가는 길이 결국 최선이란 걸 그땐 몰랐다.

그리고 쉽게 번 돈은 쉽게 사라진다. 잠깐 영업으로 대박 치고, 악성코드로 5천만 원을 벌었으나, 금세 흩어지고 만 것이다. 사업이든 인생이든 '가치'를 주지 않는 구조는 오래갈 수 없다. 그때 번 돈이 오래 가지 못했던 이유도, 결국 고객에게 주는 게 아무것도 없었기 때문이다. 사업에 쉬운 방법이란 것은 없다. 힘들고 귀찮아도, 진짜 고객과 만나 피드백을 받고, 어떤 가치를 줄 수 있는지 고민할 때 성장한다. 눈앞의 요령이나 빠른 길을 찾는 순간, 오래 못 가지 못한다. 또 잠깐 대박이 터진다 해도 금방 무너질 것이다.

주어진 시스템을
맹신하지 말라

정해진 길이 모두에게 옳은 것은 아니다. 누군가는 정규직이라는 안정에 목숨을 걸지만, 나에게 그것은 '영혼 없는 노동'에 불과했다. 나는 누군가 만든 시스템 속에 들어가는 것을 견딜 수 없는 사람이었기 때문이다. 아마 사업을 하는 사람들은 기본적으로 '시스템'에 대한 거부감이 있다. 주어진 시스템을 거부할 줄 알아야 자기만의 삶을 살 수 있는 조건이 갖춰진다고 생각한다. 사업은 스스로 시스템을 만드는 것이기 때문이다.

마케팅 회사를 다니다 나와서 무엇을 하는지 아무에게도 말하지 않았다. 그런데 서울 어딘가에서 그냥 하릴없이 빈둥댄다고 믿었던 아버지는, 나를 붙들고 GM대우 근로자 양성

과정에 반강제로 입소를 시켰다. 공식적인 채용기간이 끝났는데 들어갔던 기억이 있는 것을 보니, 아버지는 갖은 인맥을 동원해 '지인 찬스'를 사용해서라도 아들을 정상적인 인간으로 만들고 싶었던 것 같다. 하지만 나는 끌려가다시피 했다. 부천 깊숙한 곳에 위치한 교육시설이었는데, 정비, 차체, 도장 세 파트로 나눠서 교육을 받았다. 이론 공부를 먼저 시키고, 실습으로 익히면서, 시험까지 통과해야 하는, 탄탄한 인재양성 시스템이었다.

물론 그곳에 갇혀 있는 군대에 다시 온 것만 같은 답답함을 느꼈다. 어렸을 적부터 강제로 공부하는 것에 이골이 나 있던 나는, 이 프로그램을 '노예 생성 과정'이라며 비아냥거리곤 했다. 그때 나는 '차체부'에 배정돼서 기숙사 생활을 시작했다. 20대 초중반의 또래들이 모여있는 곳이다 보니, 자연스럽게 술도 마시고 하며 즐겁게 어울렸던 기억이 있다. 하지만 나를 필두로 일탈을 자행하던 몇몇 사람 때문에 기숙사에 CCTV가 설치됐다는 풍문도 돌았다.

찹쌀떡 팔고, 마케팅 회사를 운영하며 야수처럼 서울을 배회하던 나였는데, 이 교육과정 속에 들어와 있다 보니 6개월이라는 시간이 훌쩍 지났다. 거칠게 살던 나 역시도 시스템 속에서 길들여지고 있었던 것이다. 6개월 과정이 끝나고 우리는 현장으로 배정됐다. 최저임금을 받으며 쉬는 날 없이 주 2교대로 무지막지한 업무에 투입됐다. 주말에 쉴 수는 있었지만, '눈치'껏 강제근무를 했다. 정규직 인원이 빠진 자리를 메꿔야 했기에 우리가 필요했던 것이다. '정규직'이 되려면 이 모든 것들을 감내하면서, 낮과 밤이 뒤바뀌며 눈이 퀭한 채 공장에서 동일한 노동을 반복하는 게 우리의 모습이었다. 월급날이 되면, 2008년의 최저임금은 지금의 기준에서 처참한 수준이지만, 그래도 각종 수당 때문에 200만 원은 통장에 꼬박꼬박 꽂혔다.

하지만 하루에 40,000 걸음을 걷고, 나사 2,000개를 박아야 집으로 돌아갈 수 있는 내 현실이 너무 싫었다. 정규직으로 일하는 분들의 모습도 나와 별반 다르지 않았다. 나사를 열심히 박고, 컨베이어벨트가 돌아가는 속도에 맞춰 종종걸음 걷는 삶. 나는 그 삶을 감당하지 못할 것을 알았다. 그리고 그날부로 아버지한테 말씀드렸다. 정규직이 되는 날 공장을 그만두겠다고. 아버지는 내가 열심히 다니는 모습 때문인지, 내 말을 그저 힘들어서 하는 푸념 정도로 생각하셨던 것 같다. 하지만 공장 생활이 1년이 되고, 정규직 직원으로 채용이 확정된 날. 그동안 즐거웠고, 감사했다고 함께 일했던 상관들에게 말씀드리고는 공장을 유유히 떠났다.

함께 있었던 동기들에게 후일담을 들어보니, 정규직 채용이 확정되는 날 떠나는 '미친놈'이 있었다고 공장이 난리가 났다는 것이다. 누군가는 정규직이 되는데 목숨을 거는데, 그걸 포기하고 그냥 떠났다고 하니 이상한 놈으로 보일 법도 했다. 하지만 나는 어느 회사에 속해서 살 수 있는 DNA를 가진 사람이 아니었다. 만약 시간을 되돌릴 수 있다면, 공장 근로자를 만드는 교육과정 자체를 거부했을 것이다. 어렸을 적부터 아버지의 말을 법처럼 따르던 습성 때문에 거절을 못했지만, 1년이라는 시간을 다시 얻을 수만 있다면 '사업'을 위한 시행착오의 시간으로 쓸 수 있지 않았을까. 그 시간이 내게는 더 가치 있는 시간이었을 것이다.

그때 같이 지냈던 교육과정 동기들은 지금까지 만나고 있다. 재미있는 사실은 10명 정도 되는 사람들 중 아직까지 직원으로 남아 있는 사람은 단 2명뿐이라는 것이다. 다들 자신의 일이 어떤 것인지 찾지 못해 공장 노동자가 되는 길에서 만났지만, 그 시간을 발판 삼아 새로운 전환점을 맞이하게 되었다. 이러한 이치를 알게 된 것도 삶의 묘한 뜻인 듯하다. 주어진 시스템만이 답은 아닐 수도 있다. 정해진 길이 모두에게 옳은 것은 아니다. 누군가는 정규직이라는 안정에 목숨을 걸지만, 나에게 그것은 '영혼 없는 노동'에 불과했다. 1년간의 공장 생활은 나에게 많은 것을 가르쳐줬다. 이 길이 내 길이 아님을 알게 한 시간임을. 그리고 깨달았다. 시스템 밖으로 나오는 것이 나를 찾는 첫걸음이라는 것을.

남들이 보면 "미친놈"이라 할지 몰라도, 내 판단이 맞다면 그 길을 가는 게 맞다. 한 번쯤은 '다수가 옳다'고 하는 시스템도 깨 보면서, 내가 진짜 누구인지, 무엇을 하고 싶은지 스스로 확인해 보라는 이야기다. 남의 길, 다수가 만든 시스템이 다 옳은 건 아니니까.

팔리지 않는
물건은 없다

모든 영업은 막연하게 시작하면 실패할 수밖에 없다. 하지만 고객을 명확히 설정하고, 그에 맞는 전략을 세우면 성과는 반드시 따라온다. 나는 보험 영업을 하며 '건설사'라는 한정된 타깃을 정했고, 명확한 타깃이 있는 곳으로 향했다. 거기서 타깃 고객들을 만났다. 이게 보험을 판매할 때 했던 행동의 전부다. 이 간단한 구조만 있으면 영업은 조금도 어렵지 않다. 팔리지 않는 물건은 없다. 만약 물건이 팔리지 않으면, 타깃이 없는 곳에서 영업하고 있을 가능성이 높다.

2009년 공장을 뛰쳐나와서 간 곳은 주식을 가르쳐주는 곳이었다. 그때는 몸으로 하는 일에 질려서, 머리 써서 돈 버는 일을 하고 싶다는 생각뿐이었다. '슈퍼개미'로 최근까지 유명한 사람이 주식을 알려 준다고 해서 갔는데, 주식보다 '보험'을 파는 방법에 대해 더 많이 알려 줬다. 보험을 파는 일은 나쁘지 않았다. 영업도 적성에 맞았고, 무엇보다 40,000 걸음씩 걷지 않더라도 돈을 벌 수 있다는 사실이 기뻤다.

보험을 어느 정도 판매하기 시작해 성과를 올리고 있을 때, 내 사수였던 팀장님이 나에게 비밀스럽게 제안을 하나 했다. 보험대리점을 같이 차려서 해 보지 않겠느냐는 제안이었다. 그때 어떤 객기가 발동했던 건지, 고향 예산에서 보험대리점을 차리면 돈을 많이 벌 수 있겠다는 생각이 들었다. 그리고 몇 달 후에 무작정 보험대리점을 차렸다. 본사는 남양주에 있었고 우리는 예산에 지사 등록 후, 본격적인 사업을 시작했다. 예산은 군 단위의 작은 도시다 보니, 직원을 충원하려면 학교 후배들을 데려오는 수밖에 없었다. 사무실 페인트칠과 각종 잡일들까지 후배들 데리고 직접 하면서 사무실을 꾸렸다. 음료수를 사서 공장 근처에서 직원들에게 나눠 주고, 전단지도 돌려 보고, 생각할 수 있는 모든 수단을 동원했는데 별 효과는 없었다. 서울에서 배운 영업 방법은 도통 먹히지를 않았다. 대도시와 시골의 인구 차이를 극복하지 못한 결과였다.

결국 지인의 지인들까지 동원하며 매출을 올리는 구조로 근근이 살고 있었다. 그러던 중 내가 본사에 잠시 다녀오느라 사무실을 하루 비운 어느 날. 사무실에 도착하니 컴퓨터 10대, 프린터 등 모든 사무실의 비품이 사라져 있었다. 무슨 일인가 싶어서 내 입에서는 헛웃음이 나왔다. 내가 서울에 간다는 사실을 알고 있는 누군가일 것이다. 일단 경찰을 불렀더니, 과학수사대가 지문을 채취하여 범인을 찾아보겠다고 했다. 심증은 있는데, 물증이 없으니 답답함만 커졌다. 심지어 과학수사대조차 '근거가 부족하다'는 이야기만 반복하면서 결론을 내주지 못했다.

악재는 겹쳐서 일어난다고 했다. 본사에서는 갑자기 지원해 준 사무실 비품들을 반납하라고 통보했다. 상황이 이렇게 되다 보니, 같이 일하던 후배들과도 감정적으로 틀어지기 시작했다. 물론 매출도 바닥을 치고 있었다. 하룻밤 사이 갑자기 일어난 도둑질 때문에 내 사업이 망가졌다는 게 믿기지 않을 지경이었다. 황당한 일이지만 그 상황을 지속할 수는 없었으니, 예산의 보험대리점을 폐업할 수밖에 없었다. 그리고 예산의 다른 보험대리점 밑으로 들어갔다. 그곳에서 다시 시작을 했고 보험GA를 설립하게 된다. 초창기 멤버로 시작을 하면서 처음에는 콜센터 직원을 뽑아서 운영했는데, 성과도 좋지 않고 나와 합도 잘 맞지 않아 결국 내가 직접 영업을 하는 구조로 변경했다.

상황은 안 좋게 흘러가는 듯했지만, 예전처럼 살면 안 된다는 위기의식이 강하게 작동했다. 보험대리점이 무너지기 전까지는 눈앞의 일만 닥치는 대로 했는데, 이후에는 '전략'에 대해 세밀하게 다루기 시작했다. 다양한 보험 중 CEO보험을 주로 다루면서, '건설사'로 내 고객들을 한정하여 영업하는 것으로 전략의 방향을 잡은 것이다.

'타깃 고객'이 명확하게 잡혀 있다 보니, 공부해야 할 보험의 범위를 한정할 수 있었다. 고객이 막연하게 느껴질 때는 쉽게 사람들을 만나러 다니지도 못했는데, 건설사만 다닌다는 생각이 확고해지니 어디로 가야 할지도 명확하게 잡혔다. 정관 변경, 재무제표 등 20대의 나로서는 쉽게 익히지 못할 지식들도 공부하다 보니, 건설업과 관련된 보험에 전문가처럼 보일 수 있었다.

첫 달에는 400만 원 정도 벌었는데, 둘째 달에는 순수익이 1,000만 원을 넘었다. 안정적인 시스템 속에서 벌어들인 수익이다 보니, 좌충우돌하며 벌인 사업에서 운 좋게 얻은 소득보다 훨씬 더 값지게 느껴졌다. 그 후에도 2년 동안 '보험왕'으로 등극할 정도로 많은 보험을 팔았다. 과거처럼 다른 사람에게 강매하듯 팔아넘긴 것이 아니었다. 고객에게 필요한 수준의 보험을 파악하고, 다른 사람들이 불필요한 보험을 넣을 수 없도록 정확하게 설계했다. 이 '신뢰'가 쌓이다 보니, 나를 찾아오는 사람이 기하급수적으로 늘어났던 것이다.

그렇게 보험만으로 큰돈을 벌고 있었지만, 내 마음 한 켠에는 아버지의 말이 맴돌았다. 안정적인 공장을 관두고 나와서 보험을 판다고 하니, '개만도 못한 놈'이라고 모진 말을 던졌던 아버지였다. 평생을 공무원으로 살아오신 아버지였기에, 내가 하는 일이 언짢게 보일 수밖에 없었을 것이다. 그런 아버지를 원망하면서도, 내 안에는 더 크게 돈을 벌어 인정받아야겠다는 생각이 있었던 것 같다. 보험 영업을 계속하면서도 다양한 사업들을 벌이기 시작했다.

그 시절 나는 결국 '타깃' 고객 먼저 파악하고, 그들이 진짜 필요한 것을 제대로 제공하기만 하면, 팔리지 않는 물건은 없다는 사실을 깨달았다. 내가 판매하던 물건이든, 보험이든, CEO들을 위한 특화 상품이든, 핵심은 '누구에게 왜 필요한가'를 알아내는 일이었다. 만약 이 기본을 놓쳐서 애초에 물건을 살 사람도 없는 시장에서 영업을 하는데, 팔리겠냐고 묻는 게 어찌 보면 어불성설이다. 정작 그렇게 간단한 이치를 모르거나, 알고도 실행하지 못하는 경우가 많을 뿐이다.

그리고 '신뢰'도 필수였다. 한 번은 거짓으로 팔 수 있다. 하지만 그 사람의 지인들을 잠재고객으로 만들 수 없다. 나는 필요한 보험을 정확히 설계하고, 건설사 CEO들에게 꼭 맞는 상품을 제안해 줬더니, 스스로 고객이 되어 주고 또 다른 고객들을 소개해 줬다. '명확한 타깃'과 '진짜 필요한 보험', 그리고 '신뢰'가 합쳐지니 영업의 난이도는 오히려 낮아졌다. 팔리지 않을 물건은 없었다. 그저 물건을 살 고객이 없는 곳에서 애써 팔려고 헤매는 경우가 실패를 부르는 셈이다.

애초에 누구에게 팔아야 할지 고민조차 없으면, 엄청나게 발로 뛰고 영업을 해도 성과는 미미할 수밖에 없다. 하지만 누구에게 어떤 필요를 채워줄 건지를 명확히 잡고, 신뢰까지 쌓는다면 어떤 상품이든 그 가치를 인정받을 수 있다. 그리고 무엇보다, 실패를 겪어 봤기에 안다. 바닥을 찍었다고 해서 영영 끝나는 게 아니다. 내가 누구에게 무엇을 어떻게 팔아야 하는지 한 번만 정확히 파악해도, 다시 일어설 기회는 반드시 생긴다. 그걸 못 잡으면 '팔릴 물건'도 팔리지 않는 채로 끝나겠지만, 제대로 잡으면 더 큰 성공을 향해 가는 길이 열리는 법이다.

동업에도
계약서를 써라

사업을 하다 보면, 혼자만의 힘으로는 버거워서 동업을 고민하는 시기가 있을 수밖에 없다. 하지만 이제 동업에 대해서는 명확하다. 절대 동업은 하지 않는다. 딱 하나의 예외가 있다면, 명확한 업무 분장과 수익 분배를 담은 계약서가 있다면 동업을 고민한다. 하지만 이제는 동업보다 협업을 추구한다. 각자의 사업자를 두고, 각자의 영역에서 최선을 다하면서 사업을 키워가는 구조 말이다. 레버리지가 필요하면 이제는 직원보다 프리랜서를 선호한다. 동업에 대한 원칙을 확고하게 갖고 사는 이유는, '우정' 하나만 믿고 시작했다가 완전히 망했던 과거가 있기 때문이다.

예산에서 보험대리점을 한창 운영하던 2010년, 아는 동생이 서울 신림동에 장사하고 있는 치킨집에 놀러오라고 해서 찾아갔다. 닭을 숯불에 구워서 파는 가게였다. 동생은 자기는 다른 일 때문에 가게를 넘길 사람을 찾는다고 했다. 다시 서울로 오고 싶다는 생각 하나 때문에, '내가 인수할까?' 하는 생각이 마음속에 자리 잡기 시작했다. 12평의 가게에 월세는 400만 원. 그 당시가 여름이었는데, 매출은 그보다 훨씬 높아서 남는 장사라는 얄량한 판단이 들었다. 지금 생각해 보면 그야말로 미친 짓이었다. 아무리 서울이라도 2010년에 12평의 월세가 400만 원이라니. 하지만 그만큼 세상 물정을 모르고, 무작정 돌진하는 스타일이었다.

"내가 인수할게."

"아 정말?"

동생은 놀랍다는 듯, 기다렸다는 듯, 애매한 말투로 기뻐하며 나에게 이런저런 설명을 했다. 노량진 횟집, 참치집에서 일한 업력만 해도 3년은 됐으니, 요리는 자신 있었다. 하지만 술을 마셔 본 경험만 있었지 술집 운영을 해 본 적은 없으니 불안했다. 그때 친구 하나가 생각났다. 부사관을 전역하고 할 일을 찾으며 방황하던 친구. 나와 술을 마실 때 말이 아주 잘 통했던 친구. 지금 생각해 보면 미치고 팔짝 뛸 노릇이지만, '친하다'는 이유 하나로 그 친구와 동업을 결심했다. 심지어 그 친구는 이렇다 할 사회 경험도 없었다. 그런데 동업을 시작했으니, 망하는 것은 시간문제이긴 했다.

그럼에도 그때의 나는 '우린 할 수 있다!', '아주 잘 될 거다!'라는 막연한 낙관주의에 빠져있었다. 닭을 손질해 펼쳐서 긴 철망에 넣고, 자동으로 돌아가는 구이 기계를 돌리면, 밑에 깔린 숯불에 닭구이를 만드는 시스템이었다. 한 마리를 굽는 데 오랜 시간 숯불 앞에 서있어야 했고, 초벌 후에 다시 구워야 하니 손이 너무 많이 갔다. 이렇게 오래 걸릴 줄 알았으면 인수를 안 했을 텐데, 이미 늦었다.

다행인 점은 고향 친구들이 서울에 많이 거주하고 있어서 자주 치킨집을 방문해 줬다는 것이다. 여기가 예산인지, 서울인지 헷갈릴 정도로 예산 사람이 많았다. 여름의 막바지라 가게 앞에 노상까지 깔아 장사했으니, 첫 달에는 매출이 1,800만 원이 나왔다. 그때는 멍청하게도 그게 다 번 돈이라고 착각했다. 재료비, 월세 등을 제외하고 순수익이 얼마인지를 전혀 계산하지 않고, "이만큼 벌었으니 괜찮겠지."라는 막연한 자신감만 있었다.

내가 당황하기 시작한 시점은 여름이 지나가고 가을이 올 무렵이었다. 노상이 걷히니 매출이 반토막이 나 버린 것이다. 월세 400만 원을 기본비용으로 깔고 가다 보니, 이 매출로는 견딜 수가 없었다. 급한 대로 배달을 시작하려고 전단지를 뿌렸다. 오토바이가 없던 우리는 차로 배달을 시작했는데, 서울은 차로 다니기엔 길이 너무 복잡했다. 배달 한 번 나가면 최소 1시간 30분은 걸렸다. 친구들이 와서 매일 팔아줘도 매출을 개선할 방법은 보이지 않았다.

알고 보니, 나에게 가게를 넘겼던 동생은 '여름이 지나 노상이 사라지면 매출이 반토막 난다'는 사실을 이미 알고 있었다. 서울에서 장사하고 싶은 마음에 급급했던 내가 서둘러 인수하려고 하는 걸 보고, 그냥 빨리 넘기는 쪽을 택했던 것이다. 결국 월세 400만 원을 감당 못 하게 됐고, 매출은 곤두박질치면서 당장 현금도 돌지 않았다.

사실 더 큰 문제는 따로 있었다. 동업한 친구와 점점 대화가 없어지기 시작한 것이다. 우리는 시작할 때 계약서를 쓰지 않았다. 그저 '친구'라는 이유로 동업을 했으니까. 내가 대출까지 받아 권리금을 냈으니, 내 입장에서는 '네가 더 일을 많이 해야지.'라는 생각이었고, 친구는 '내가 더 많이 일하는데 저 녀석은 뭐하는 거지?'라고 생각했다. 결국 쌓인 감정이 폭발해 한 번 크게 싸우고, 서로 말도 섞지 않게 됐다.

조류독감 뉴스가 퍼지고, 치킨집에 손님이 아예 끊겼다. 결국 1,200만 원의 대출금만 남기고 치킨집을 접었다. 돈을 잃은 것도 아팠지만, 친구를 잃은 게 더 슬펐다. 누군가와 동업을 한다면, 서로가 업무 분배와 수익 분배를 어떻게 할지를 철저하게 정해야 한다. 나처럼 막연히 '친하니까 괜찮겠지'라는 감정으로 시작하면, 그 대가가 너무 크다. 형식이 '계약서'여야 하는 이유도 여기에 있다. 법적 강제력까지 동원되면, 서로의 약속이 더 단단해지기 때문이다. 모든 걸 다 잃고 나서야 깨달았다. 돈보다 더 큰 손실은 관계의 실패다.

서울로 돌아가고 싶다는 막연한 욕망과, '친하니까 괜찮겠지'라는 감정적인 결정이 결국 나를 실패로 몰고 갔다. 동업은 신중했어야 했다. 처음부터 계약서를 쓰고, 역할과 책임을 분명히 했다면 어땠을까? 적어도 친구와 말도 섞지 않게 되는 불상사는 막았을 것이다. 그 나이에 친구에게 계약서를 내밀긴 쉽지 않았겠지만, 철없던 시절 돌아보니 오히려 그게 서로를 지키는 길이었다.

그래서 내 결론은 분명해졌다. "동업에는 반드시 계약서를 써라." 만약 형식이 어려워도, 종이에 서로 역할과 책임, 수익 분배 조건을 써서 사인이라도 해 둬야 한다. 감정이나 우정에만 기대어 시작했다가, 결국 돈만 남기고 서로 원수가 되는 일이 너무 많다. 아니, 돈도 못 남기는 경우가 더 흔하다. 나처럼 대출금만 잔뜩 안고, 친구도 잃고 나니 뒤늦게 '돈보다 더 큰 손실은 인간관계'라는 걸 배우게 됐다.

그 사업이 망한 이후로, 어떤 식으로든 동업을 회피하고 있다. 그래도 꼭 해야 할 경우라면, 협업 형태로 각자의 사업자를 따로 두고 진행하곤 한다. 레버리지가 필요하면 요즘은 프리랜서나 프로젝트형 직원들을 구하는 편이다. 차라리 그 방식이 서로 감정 상할 일도 없고, '우정 때문에 대충 넘어가자' 식의 안일함도 발생하지 않는다. 현명한 경영이란 결국, 서로가 법적·도덕적 의무를 지면서도 편하게 일할 수 있는 구조를 만드는 거라는 걸, 뒤늦게 배웠다.

한번 좋은 친구였던 사람과 사이가 틀어지면, 그 상처는 큰 돈을 잃는 것보다 훨씬 더 깊이 박힌다. 그러니 차라리 냉정하고 명확하게 처음부터 법적 · 도덕적 테두리를 만들어 놓는 게, 서로에게도, 사업에게도 이롭다. 내 경험으론, 그게 동업의 가장 기본적이고 유일한 안전장치라고 확신한다.

가족이 나를
믿게 만들어라

믿음만이 사람을 바꾼다. 나는 이 말을 전적으로 믿는다. 세상에서 가장 큰 동력은 '누군가의 믿음'이다. 스스로를 믿지 못하던 나에게도, 나를 끝까지 믿어 주는 사람이 나타났다. 그 사람에게 보답하고 싶다는 마음이 내 인생을 바꾸었다.

사업을 하다 보면 세상에서 믿지 못할 사람들을 너무 많이 만난다. 그리고 그런 사람들에게 알게 모르게 물들다 보면, 세상을 바라보는 시각이 삐딱해지기도 한다. 그래서 나는 가족이 있는 사람이라면, 가족들이 신뢰할 수 있도록 믿음을 사라는 말을 하고 싶다. 나는 가족이 믿어 줬기 때문에 수많은 소송에도 버틸 수 있었고, 엄청난 빚과 대출이자 속에서도 미래의 희망을 꿈꾸려고 노력할 수 있었다.

예산에서 보험을 팔고, 서울에서 치킨집을 차리며 좌충우돌하던 20대가 끝날 무렵, 지금의 와이프를 만났다. 사람은 자신의 결핍을 채워주는 사람에게 끌린다고 하지 않던가. 와이프는 어렸을 적부터 누군가에게 인정받고, 신뢰받는 감정을 느껴보지 못했던 나를 인정하고 믿어 준 사람이었다. 내가 봐도 20대의 나는 바보 같았지만, 그 시절의 나에게 "괜찮다"고 말해 줄 수 있는, 나보다 영혼의 사이즈가 더 큰 사람이었다.

생각해 보면 말도 안 되는 조합이다. 시골 예산 출신에, 번듯한 직업도 없었고, 그저 행동력과 추진력 하나로 인생을 끌고 가던 사람이었다. 그런데 와이프는 서울 사람이었고, 크게 감정적 동요가 없는 평온한 성격의 소유자였다. 흔히 결혼 상대는 '내 성격과 반대인 사람에게 매력을 느낀다'고 하지만, 이건 이상하다 싶을 정도로 달랐다. 하지만 나는 그녀와 결혼을 결심했다. 이유는 딱 하나, 이 여자와 함께 있으면 대단한 사람이 된 것 같았기 때문이다. 믿음. 나조차도 나를 믿지 못할 때, 나를 믿어 주는 마음이야말로 내 인생을 움직이는 가장 큰 힘이었다.

2010년 치킨집을 폐업했을 때, 대출을 갚지 못한 상태였다. 하지만 그녀와 결혼하고 싶었기 때문에, 빚 없는 '멀쩡한' 상태로 시작하고 싶었다. 그래서 내 30대는 우아하지도 않고 멋지지도 않게, 대출금을 갚기 위해 미친 듯이 고객을 찾아다니며 출발했다. 내가 가진 최고의 재능은 '움직이면 돈을 버는 사업구조'를 만드는 일이었다. 한번 뛰기 시작하면 어떻게든 돈은 벌 수 있었다. 결국 결혼식을 올리기 전, 내 이름으로 빌린 돈은 전부 갚았다.

그런데 신혼여행 갈 돈을 남겨놓지 않았다는 걸 뒤늦게 깨달았다. 부랴부랴 한 친구에게 부탁해서, 친구들이 주는 축의금을 모아 간신히 신혼여행을 떠났다. 이 정도로 '결혼'이라는 시스템을 챙기지 못하는 사람이었다. 불같은 성격에, 엄청난 행동력으로 어디로 튈지 모르는 나를, 와이프는 묵묵히 믿고 결혼해 줬다. 그래서 더 잘하고 싶었다. 나를 믿는 사람을 배신할 수는 없었고, 이 사람의 기대보다 더 큰 무언가를 주고 싶다는 본능 같은 것이 안에서 꿈틀거렸다. 사실 지금까지도 사업을 하는 이유는 가족 때문이다. 이제 초등학생이 된 아이가 나처럼 좌충우돌하지 않고, 자신만의 길을 우직하게 즐겁게 걸어갈 수 있도록 뒤에서 도와주고 싶다. 나를 믿어 준 아내를 실망시키고 싶지 않다.

주변의 사업가들은 크게 두 부류로 나뉜다. '나를 위해 사업하는 사람'과 '가족을 위해 사업하는 사람'. 나를 위해 사업하는 사람들은 가족과의 시간보다 '일'을 우선시한다. 절대적인 업무 시간 덕분에 단기적으론 폭발적인 성장을 이루는 이들도 보았다. 하지만 그런 사람들은 유혹에 쉽게 흔들리는 사례도 적지 않았다. 인정욕구나 존중을 주변 사람에게서가 아닌 다른 방식으로 채우려고 하다 보면, 결국 '욕망'과 얽힌 사건이 생기는 경우를 너무나 자주 봤다. 반면 가족을 위해 사업하는 사람들은 가족이 주는 '신뢰'를 잃지 않기 위해서 상대적으로 유혹을 방어하기 쉽다. 단기적으로는 더딘 것 같아 보여도, 오히려 꾸준히 가는 모습을 종종 확인했다.

물론 이런 것을 일반화하기는 어렵다. 하지만 내 경우엔 '가족들이 나를 어떻게 볼까?'를 생각하는 것만으로도 방향을 잃지 않을 수 있었다. 그래서 사업을 시작하려는 이들에게 "당신을 믿어 주는 사람이 있냐"고 묻곤 한다. 있다면, 이미 엄청나게 유리한 상황이다. 혹시 없다 해도 걱정 없다. 나처럼 아는 것 없이 행동력 하나로 뛰기만 하던 사람에게도, 어느 날 갑자기 등 뒤에서 '믿어 줄게'라고 말해 주는 이가 생길 수 있기 때문이다.

결국 누군가가 나를 굳게 믿어 준다는 건, 내가 흔들릴 때마다 다시 중심을 잡게 해 주는 커다란 버팀목이 된다. 그리고 그 '누군가'가 가족이라면, 그 믿음은 더욱 묵직하고 단단하다. 나는 가족의 믿음 덕분에 난관에도 쉽게 무너지지 않았다. 그러니, 가족이 있는 사람이라면 가족에게 신뢰받는 행동을 먼저 만들어야 한다. 작은 성공이나 노력이라도 쌓다 보면, 이 사람이면 믿을 만하다는 생각이 자연스럽게 생긴다. 그리고 이 믿음이 커질수록, 더 큰 꿈을 꿀 수 있는 밑바탕이 마련된다.

결론을 말하자면, "가족의 믿음은 어려울 때 일어설 수 있게 해 주는 가장 든든한 자산"이라는 것이다. 그 믿음이 존재하기에, 나는 더 큰 가능성을 향해 움직이고, 실패하더라도 다시 일어날 힘을 얻었다. 만약 가족이 '이 사람 안 되겠다' 하고 등을 돌려버렸다면, 기회조차 얻기 어려웠을 것이다. 그러니 가족이 나를 믿게 하려면, 나도 그만큼 믿어 줄 만한 행동과 결과로 보답해야 한다. 결국 가족에게서 얻는 신뢰가 내 사업의 동력이 되고, 나를 지탱하는 커다란 기둥이 된다는 걸, 몸소 체험했다.

2부

연매출 100억까지

: 사업 확장기 실패에서 배운 전략들

욕심이 많아서였는지, 사업은 빠른 시간에 엄청나게 성장했다.

하지만 커진 덩치만큼, 작은 실수가 엄청난 손실로 이어지곤 했다.

실패를 통해 '진정으로' 배워갈 수 있다면, 몇 억의 손실은 피해갈 수 있지 않을까.

신뢰를 얻으면
절반은 끝이다

　사업을 새로 시작할 때 완벽한 준비보다 신뢰를 쌓는 게 먼저다. 부족해도 해결할 수 있다는 신뢰감을 심으면, 고객이 자연스럽게 모여든다. 특히 사업의 구조가 잡히지 않는 사업 초기라면, '대표' 개인을 극단적으로 믿을 수 있는 수준까지 신뢰를 만들어야 한다. 이 사람에게 맡기면 어떻게든 해결이 된다는 믿음. 여기서부터 사업이 조금씩 커지기 시작한다.

　2011년 11월 11일. 내 첫 사업자가 나온 날이다. 나는 공장에 일할 사람들을 제공하고 수수료를 받는, '아웃소싱'으로 본격적인 사업을 시작했다. 아웃소싱을 알려 준 분께 배웠는데, 그분의 교육 능력이 워낙 탁월해서 3일 안에 정말 많은 것을 배웠다. 인력 아웃소싱 회사를 만드는 방법, 사람을 모집하는 방법, 세금을 관리하는 방법, 노무를 관리하는 방법까지. 3일만 배우고도 시작할 수 있게 도와주셨던, 지금 생각해 보면 내 삶의 귀인 중 한 분이었다.

방법은 배웠으니, 행동만 하면 됐다. 명함 500장을 파고, 에어컨이 고장난 중고 이스타나 한 대를 구매했다. 사람이 필요한 공장을 찾으려고 무작정 공장들을 들쑤시고 다녔다. 그런데 공장 사람들은 나를 거의 없는 사람 취급했다. 사실 일하느라 정신 없는데, 영업하러 온 내가 달갑게 보일 리가 없었다. 그래도 계속 인사하고 다녔다. 계속 다니다 보니, 공장 안에서 '인사권'을 쥐고 있는 듯 보이는 사람들이 보이기 시작했다.

인사만 한 지 한 보름쯤 되었을 때였다. 그중 한 공장은 매일 인사만 하고 다니니, 불쌍해 보였는지 부장님이 들어와서 커피 한 잔 마시고 가라고 권해 주셨다. 그리고 내게 첫 제안을 해 주셨다.

"인원 몇 명 있어?"

문제는 내가 인원을 확보한 상태가 아니라는 점이었다. 하지만 인원이야 지금부터 구하면 된다. 당장 "10명 정도 있다."고 당당히 말했다. 부장님은 2명만 일단 사람을 보내보라고 했다. 마침 광고 신문 〈교차로〉에 사람을 모집하는 공고를 올려놨는데, 거기서 한 명이 일하겠다고 지원해 왔다. 그 친구가 일을 잘할 것 같아 혹시 아는 사람 있냐고 물어봤더니, 자기 친구를 데려온다고 했다. 이렇게 해서 내 아웃소싱 사업은 미약하지만 시작됐다.

만약 그 제안에 "당장 사람 구해오겠습니다."라고 당당히 말하지 못했다면, 아웃소싱 사업을 시작조차 못 해 보고 끝났을지도 모른다. 100% 준비하고 시작하는 사업은 없다. 애초부터 모든 걸 갖추고 시작할 수도 없거니와, 사람을 먼저 구할까 일자리를 먼저 구할까 하는 문제는 닭이 먼저냐 달걀이 먼저냐처럼 답이 없는 것과 같다. 그리고 사업 초기에는 완성도를 보여 주기보다, 부족함이 있어도 어떻게든 해결할 수 있는 '가능성'과 '성실성'을 보여 주는 게 훨씬 중요하다. 그러면 고객이 자연스럽게 모일 수밖에 없다.

당시 충청남도의 '아산'이라는 지역에 공장이 많았다. 지하철역이 있는 신창에 기숙사를 하나 얻어서, 2명의 친구들을 출근시키고 퇴근시켰다. 부장님은 두 친구의 일머리가 마음에 드셨는지, 한 명 더 데려오라고 하셨다. 아침 5시에 일어나 출근시키고, 야간작업 마친 직원들을 기숙사에 데려다주면 꼬박 밤 11시가 됐다. 무식할 정도의 성실함으로 부딪히다 보니, 다른 아웃소싱 업체에서 문제가 생길 때마다 그 자리가 내게 넘어왔다. 결국 사업 규모가 커져 대형버스를 빌려야 출퇴근이 가능할 정도가 됐다. 사실 출퇴근만 담당하는 직원을 쓸 수도 있었지만, '직접 감당할 수 있다면, 내가 직접 한다'는 원칙을 지키고자 했다. 그렇게 1년이 지나니 김치냉장고 제조공장, 아노다이징 공장 등 정말 많은 곳에 인원을 넣는 업체로 성장하게 됐다.

아웃소싱 사업은 특성상 다양한 공장들과 계약하는데, 이 중엔 정말 '효자 공장'이 나오기도 한다. 어떤 공장은 10명을 넣어도 이익이 적은데, 어떤 공장은 2명만 넣어도 더 남는 구조가 되기도 한다. 이유는 업체마다 계약 조건이 다르기 때문이다. 만약 '돈'만 따졌다 해도 좋은 조건만 골라 계약했을 것이다. 그러나 사업에서 신뢰가 없으면, 그 돈조차 장기적으로 확보하기 어렵다. 기존에 계약한 공장에 들어간 인력들의 효율이 떨어지기 시작하면, 이 좁은 업계에서 소문은 바로 퍼진다. 결국 돈을 오래 벌고 싶다면 당연히 신뢰를 우선시해야 한다. 이는 비단 아웃소싱 사업만의 문제가 아니라, 모든 사업의 핵심이기도 하다. 운 좋게도 충청남도 공장 업계에서 어느 정도 평판을 얻게 됐고, 그 신뢰를 기반으로 공장 운영 단계까지 도전할 수 있었다.

결국 아웃소싱 사업을 시작했던 그때를 돌아보면, 무식하리만치 성실하게 뛰고, 부족함은 지금부터 메꾸겠다는 '가능성'을 내보이며, 문제를 해결해 온 과정 자체가 신뢰를 쌓는 길이었다. 그 신뢰가 쌓이니 다른 사업 확장도 훨씬 수월해졌다. 사실 사업하는 사람에게 보여 줄 건 "나는 완벽합니다."가 아니라, "문제가 생겨도 어떻게든 책임지고 해결하겠습니다."라는 모습이다. 문제 생겼을 때 대충 넘기지 않는 사람이라는 신뢰. 그것이 사업에서 전부라고 해도 과언이 아니다.

처음부터 모든 게 완벽할 필요는 없다. "지금은 없지만 구해오겠습니다."라는 말과, 실제로 그렇게 해내는 성실함이 만나면, 상대방이 나를 신뢰하기 시작한다. 사업이 시작될 때 가장 중요한 건, 완성도보다는 '가능성과 성실성'이다. 내가 부족해 보여도, 상대가 "그래도 이 친구라면 어떻게든 할 수 있겠구나."라고 느끼는 순간, 이미 절반은 성공이나 다름없다.

신뢰가 없다면, 아무리 번듯한 계획과 돈이 있어도 금방 무너진다. 하지만 신뢰가 있으면, 아직 모든 게 갖춰지지 않아도 그 기반을 발판 삼아 얼마든지 확장할 수 있다. 사람들은 완벽하기 때문이 아니라, '이 사람이 있으면 문제가 생겨도 해결된다'는 믿음으로 계약하고 협력한다. 그래서 신뢰가 쌓이면 사업은 자연스레 굴러가기 시작하는 것이다.

매력적인 제안은
일단 거절하라

　사업이 확장될 때마다 나는 여러 함정에 빠지곤 했다. 잘될 것 같은 '느낌'이 들면 일단 저지르고 보는 내 성격이 문제였다. 사업이 커지면 커질수록, 주변에는 매력적인 제안이 끊임없이 들려온다. 그중에는 정말 내 사업을 키울 수 있는 '알짜' 아이디어도 있지만, 내 돈을 노리고 들어오는 사기꾼의 '썩은' 제안도 섞여 있다. 그것들을 걸러내는 건 절대 쉽지 않다. 제안이 지나치게 매력적이면, 내가 세워놓았던 원칙들이 흔들릴 때가 많기 때문이다. 그래서 나는, 먼저 찾아 검증하지 않은 매력적인 제안이라면 가급적 거절한다. 이건 내가 아노다이징 공장을 인수하면서 뼈저리게 느낀 깨달음이기도 하다.

아웃소싱 사업이 어느 정도 안정화되기 시작했을 때, 또 다른 도전을 하고 싶었다. 공장에 사람들을 데려다주는 일을 하다 보니, 자연스럽게 제조업에 관심이 생긴 것이다. 공장 안을 둘러보며 어떤 절차로 제품이 만들어지는지를 관찰하는 게 일종의 취미처럼 됐다고나 할까. 물론 제조업이 결코 제품을 뚝딱 만들어 내는 쉬운 일이 아니라는 것도 익히 알게 됐다. 그럼에도 어쩐지 해 볼 수 있겠다는, 계산이 머릿속에서 빠르게 돌아가는 느낌이 들었다.

그런 차에, 인원을 투입하던 공장 중 하나인 알루미늄 표면을 특수코팅하는 '아노다이징 업체'가 있었다. 그런데 이 업체가 우리 회사로 지급해야 할 돈을 제때 주지 못하는 사태가 벌어졌다. 솔직히 돈 문제만 해도 복잡했지만, 때마침 제조업에 도전해 보고 싶다는 마음이 내 안에 가득했고, 그래서 그 업체가 거절하기 힘든 제안을 던졌다.

"돈 못 주시겠으면 저한테 회사 지분을 주세요."

사실 업체 입장에서는 파산을 선택할 수도 있었다. 그런데 이들은 내게 지분을 넘기는 선택을 했다. 당장 현금 흐름 문제는 조금 해소된 듯 보였다. 그렇지만 또 다른 꿈을 꾸기 시작했다. 이렇게 해서 이 공장의 지분을 인수해서 직접 운영할 수 있다면, 얼마 전까지는 보험 팔고 공장에 사람 넣어 주던 내가, 어느새 제조업 사장이 된다는 게 신기했다.

알루미늄 아노다이징이라는 기술은 상당히 독점성이 있다고 느껴졌다. 게다가 환경 이슈와 관련된 사업이라 ESG 흐름 속에서 돈이 될 수 있겠다는 계산도 섰다. 그래서 조금씩 지분을 인수하다가, 결국 공장 전체를 인수해 버렸다. 처음에는 반도체 장비 분야에서 꾸준히 일을 맡아 탄탄한 기반을 다졌다.

그런데 시간이 지날수록 별의별 사람들이 찾아와 다양한 제안을 하기 시작했다. 그중 어떤 남자가 눈에 띄었는데, 자신이 자동차 업계와 긴밀한 관계가 있다며, 우리 회사를 현대차의 하청업체로 등록시켜 줄 수 있다고 장담했다. 게다가 기아자동차의 상무를 만나게 해 주며, 우리에게 '이 사람은 정말 인맥이 확실하다'는 신뢰감을 심었다. 그의 말대로라면, 조금만 투자해 SQ 인증만 받으면 대형 프로젝트를 수주할 수 있다는 것이다.

지금처럼 정보를 쉽게 얻을 수 있던 시절이 아니었다. 인터넷으로 무엇이든 물어보고 검증하는 분위기가 자리 잡기 전이었다. 우리는 그의 말을 믿고 큰 결단을 내렸다. 공장 생산 라인을 전면적으로 업그레이드하기로 했다. 그것도 한겨울에 말이다. 공사비는 예상의 두 배 이상 들었지만, '대박이 날 수 있다'는 기대감에 투자했다. 공사가 끝나고 계약서까지 작성하며 모든 것이 순조롭게 흘러가는 듯했다.

그런데 갑자기 프로젝트의 주체가 바뀌고, 계획이 완전히 산으로 가기 시작했다. 이상하다는 느낌은 들었지만, 이미 투자한 돈이 엄청나서 물러설 수 없었다. 사방팔방으로 알아봤지만, 시간이 갈수록 "당했다"는 느낌이 짙어졌다. 알고 보니 그 남자는 사기꾼이었다. 멕시코 지사를 설립해야 한다며 돈을 빼돌리고, 별별 명목으로 추가 자금을 끌어갔다. 설비 투자로 인해 회사 내부는 엉망이 됐다. 공장은 업그레이드되긴 했지만, 해결해야 할 문제들이 산더미였고, 자금은 거덜난 상태였다.

불행 중 다행은, 충남 테크노파크에 우연히 입주할 기회를 얻었다는 것이다. 사방으로 뛰어다니며 방법을 찾던 중 뜻밖의 구원줄이었다. 테크노파크에 들어가면서 R&D 과제를 여러 건 수주했고, 정부의 다양한 지원 사업에도 참여했다. 우수 기업으로 선정되어 발표 기회도 얻고, 새로운 인맥도 쌓았다.

그렇다고 해도 자동차 업계 진입은 여전히 어려웠다. 애초에 생산 라인의 절반만 업그레이드한 게 문제였다. 절반은 깨끗하고 자동화된 시설이었지만, 다른 절반은 낙후되어 있었다. 그러니 SQ 인증을 받기 어려웠고, 결국 대형 프로젝트도 수주하지 못했다. 사기꾼을 상대로 소송을 걸었지만, 그가 오히려 우리를 역고소했다. 재판은 그 사람이 사는 여주에서 진행됐고, 나는 여주 법원을 수없이 오가며 진이 빠졌다. 준비 부족으로 재판에서 패소했고, 돈도 잃고 시간도 잃었다.

사업을 할 때는 언제나 철저한 검증과 준비가 필수다. 특히 매력적인 제안이나 장밋빛 전망은 늘 경계해야 한다. 내가 먼저 찾아보고 검증한 아이디어가 아니라면, 그리고 그 제안이 너무 달콤하게만 들린다면 의심부터 해 보는 게 맞다는 걸 통감했다. 정보가 제한적이던 시절처럼, 사실관계를 확인하기 어려울 때 단숨에 큰 결정을 내리는 건 사업을 망칠 수 있는 지름길이다.

이제 누가 "좋은 기회가 있다"고 다가오면, 가급적 한 발 물러서서 검증부터 해 본다. 직접 찾아볼 만큼 찾아보고, 가능한 한 네트워크에 물어보고, 충분한 데이터를 모은 뒤에야 투자 결정을 내린다. '매력적인 제안은 일단 거절하라'는 원칙을 세운 후로, 사기꾼에게 당할 위험이 크게 줄었다. 검증되지 않은 달콤한 말에는 쉽게 마음을 주지 않는 게 생존의 기본이라는 사실을, 아노다이징 공장 인수 과정에서 쓰라리게 배웠다. 그 기억 덕분에 앞으로도 나를 노리는 수많은 '매력적인' 제안에 쉽게 넘어가지 않을 수 있을 것이다. 결국, 사업을 운영할 때 가장 무서운 적은 허황된 욕망이고, 이 욕망이 방심을 부추겨 사기꾼들의 먹잇감이 되게 한다.

어떤 제안이든 그저 멋져 보인다고 덜컥 뛰어들지는 말자. 내가 먼저 찾고, 확신을 가질 수 있는 아이디어가 아닌 이상, '일단 거절'이 최선의 방어라는 걸 다시금 강조하고 싶다.

선택에 감정을
섞지 말라

사업은 선택의 연속이다. 규모가 작을 땐 선택의 폭이 비교적 작으니 괜찮을 수 있다. 그런데 사업이 커지면 커질수록, 매 선택마다 극도의 스트레스와 압박을 느끼게 된다. 이때 흔들리지 않는 기준을 잡고 냉철한 이성을 유지하는 게 정말 중요하다. 감정에 휘둘리면, 그 순간엔 편하게 넘어갈 수 있어도 나중에 큰 손실로 돌아오기 쉽다. 실제로 실패로 끝난 내 사업들을 돌아보면, 감정적인 선택이 불러온 결과가 많았다. 잠깐의 스트레스에 굴복해 이성을 잃는 순간, 사업의 근간이 흔들린다.

아웃소싱과 제조업을 병행하며 사업을 이어 가던 어느 날, 내게 한 가지 아이디어가 떠올랐다. "우리 직접 현장에 인력을 투입하는 사업도 해 볼까?" 처음엔 단순히 아웃소싱 과정에 '용역'을 얹는 정도라 대수롭지 않게 생각했다. 그러나 준비에 들어가자마자, 용역은 아웃소싱과 완전히 다른 영역이라는 사실을 알게 됐다.

용역 사업은 시작부터 벽이 높았다. 인허가가 필요한데, 그 절차가 복잡하기 이를 데 없었다. 공무원 퇴직자나 노조 위원장, 몇 년 이상의 군 경력이 있는 이들이 사업자 명부에 포함돼야 하고, 대학 졸업자를 직원으로 반드시 등록해야 한다는 등 조건이 까다로웠다. 솔직히 그만둘까 하는 생각도 들었다. "아웃소싱이나 더 열심히 하지, 왜 이렇게 복잡한 거에 발을 들여놓았지?"라는 후회도 스쳤다.

그런데도 어느 순간 전화기를 들고, 주변 지인들에게 전화를 돌리며 필요한 조건을 충족할 만한 인맥을 수소문했다. '누가 어디 출신이더라? 이런 자격 가진 사람은 없나?'라며 하나둘 알아보니, 어느새 용역 회사를 차리기 위한 마지막 단계에까지 가 있었다.

나는 용역 사업을 평택에서 해 보자고 마음먹었다. '고덕신도시'가 줄 가능성 때문이었다. 당시 삼성의 막대한 투자가 이뤄지면서 지역 경제가 활기를 띠고 있었고, 그 흐름에 올라타고 싶었다. 나와 4년 선배 형은 각각 사업자를 따로 두고 협업 체제를 구축했다. 나는 용역을 담당하고, 형은 아웃소싱을 맡는 식이었다. 두 사업을 조합해 보자는 발상은 내겐 꽤 매력적으로 느껴졌다.

하지만 현실은 예상과 달랐다. 용역과 아웃소싱은 비슷해 보이지만 전혀 다른 특성이 있었다. 특히 난 조선족을 비롯해 외국인 직원들을 많이 보유하고 있었는데, 나중에서야 알게 된 사실은 그들의 비자가 현장 근무용이 아니라는 것이었다. "뭘 믿고 이런 결정을 내렸던 거지?"라는 자책감이 몰려왔다. 이미 사업은 시작됐고, 인력을 처음부터 다시 구해야 하는 상황이었다. 처음 몇 달은 정말 버벅거렸지만, 시간을 들여 차근차근 인원을 재배치하면서 조금씩 자리가 잡혀갔다.

용역 사업은 어쩌면 아웃소싱보다 더 큰 '현금' 부담을 요구했다. 매일 현금을 지급해야 하는 구조였고, 게다가 현장에서 바로 금액을 받거나, 통장이 없는 이들이 많아 자금 흐름을 꼼꼼히 관리해야 했다. 하다못해 부족할 땐 다른 사업에서 돈을 돌려 마련해야 하는 상황이 반복됐다.

그러던 중, 아웃소싱 쪽에서 크나큰 사고가 터졌다. 오래 거래하던 업체 하나가 대규모 미수를 남긴 채 도산한 것이다. 그것도 지인의 소개로 연결된 업체라 방심하고 있었다. "설마 돈 떼일 리가 있겠어?" 하다가 확 당했다. 문제는 이 아웃소싱의 위기가 용역 운영에도 영향을 미쳤다는 점이었다. 매일 지급해야 할 현금이 돌지 않으니, 용역 사업은 심각한 자금 위기에 처했다. 여기저기 돈을 구해 현금을 계속 지급했지만, 한계는 분명했다. 하루하루 인건비를 메우기 위해 동분서주하면서 사업 전체가 흔들리기 시작했다.

결국 선택의 순간이 왔다. '용역이냐, 아웃소싱이냐?' 둘 다를 살리기엔 자금과 시간이 턱없이 부족했다. 용역은 매일 현금을 지급해야 하는 부담은 있어도 안정적인 수익이 나고 있었다. 반면, 아웃소싱은 큰 손실이 발생했지만 그래도 구조는 익숙했다. 나는 극심한 스트레스 속에서 순간적인 선택을 내렸다. 감정적으로 복잡한 용역을 정리하고, 아웃소싱을 살리기로 판단한 것이다. 분명 재무제표는 용역을 남기는 쪽이 옳다 했지만, 나는 감정적 고통을 빨리 떨쳐내고 싶었다.

돌이켜 보면, 그 결정이 나의 가장 큰 실수였다. 이미 자리

잡은 용역 쪽을 스스로 정리해 버렸고, 얼마 지나지 않아 아웃소싱은 완전히 무너졌다. 모든 걸 잃고 난 뒤에야, 내가 만든 사업과 시스템이 남의 손에 넘어갔다는 상실감에 정신을 차릴 수 없었다. 감정을 빼고 데이터를 보지 않은 것에 대한 후회가 밀려왔다. 사업이라는 건 돈만으로 되는 게 아니고, 내가 만든 가치를 지키고 확장해 가는 과정이다. 그런데 그 중요한 순간에 감정이 앞서면, 장기적으로 큰 손실을 볼 수밖에 없다. 용역을 살리고 아웃소싱을 정리했어야 마땅했지만, 순간의 스트레스와 압박감에 '감정적 판단'을 내렸다. 재무제표라는 숫자, 사업구조라는 근거가 주는 시그널을 무시하면, 한 번의 잘못된 선택이 돌이킬 수 없는 결과를 낳는다.

나중에 후회한다고 해도 이미 늦다. 사업은 끊임없이 크고 작은 선택을 요구한다. 그리고 그 선택들이 모여 사업의 방향과 운명을 결정한다. 순간의 감정적 해소를 위해 의사결정을 하면, 그 뒷감당은 고스란히 내가 지게 된다. 그래서 지금도 큰 결정을 내려야 할 땐, "이게 지금 감정으로 판단하는 것인가, 데이터로 판단하는 것인가?"를 먼저 물어본다. 이 작은 질문이 미래의 나를 구해낼 수도 있다고 믿기 때문이다. 사업은 감정이 아닌, 냉정한 기준과 숫자, 구조적인 판단으로 움직여야 한다. 그래야 예측 가능한 성장을 이어 갈 수 있고, 불필요한 실패를 줄일 수 있다.

모든 일에
책임을 질 필요는 없다

　사업은 사람과의 신뢰를 바탕으로 이루어지지만, 신뢰만으로는 결코 충분하지 않다. 법적·계약적 책임을 명확히 하지 않으면, 작은 오해와 불운이 개인의 인생 전체를 뒤흔들 수 있다. 사업가는 선의로 문제를 해결하려는 본능적 충동을 경계해야 한다. 계약서가 곧 책임의 경계를 정의하고, 분쟁을 막는 최후의 방어선이 된다는 사실을 절대 잊으면 안 된다. 어떤 관계에서도 말이 아닌 글로 남기고, 역할과 책임을 분명히 해야 비로소 사업이 안정적인 기반 위에 설 수 있다. 이는 사업의 시작뿐 아니라 확장과 위기관리의 핵심 원칙이기도 하다.

　이 교훈을 특히 단열재 유통업을 시작할 때 뼈저리게 배웠다. 당시 제조업에서 사기를 당해 회사가 완전히 엉망이었다. 급여는커녕 전기세 같은 기본 고정비조차 감당하기 벅찼다. 매일 숨이 막힐 정도로 힘들었다. 어떻게든 이 상황을 벗어나고 싶었지만, 마땅한 해결책이 보이지 않았다. 그러던 어느 날, 아는 형님이 사무실로 찾아오셨다.

"이거 한번 해 보는 게 어때?"

형님이 내민 건 '열반사 단열재'라는 제품이었다. 그 당시에 제법 인기를 끌던 물건이었다. 설명을 듣는 내내 머릿속에서 가능성이 막 그려졌다. "이걸로 다시 시작해 볼 수 있겠다"는 생각이 들었다. 문제는 돈이었다. 당시 내 회사 통장은 텅 비어 있었고, 정말 땡전 한 푼 없이 발만 동동 구르고 있던 상황이었다. 결국 친구에게 돈을 빌려 단열재를 발주하기로 결심했다. 나도 참 간절했던 거다. 단열재 유통업을 시작한 건 그야말로 생존을 위한 몸부림이었다.

그런데 실제로 시작하니 예상치 못한 현실적인 문제들이 하나둘 떠올랐다. 가장 큰 문제는 차량이었다. 물건을 납품하려면 적재할 트럭이 필요했지만, 새 차를 살 돈 따위는 꿈도 못 꾸었다. 그래서 녹이 슬고 망가진 고물 용달차 한 대를 간신히 구입해, 단열재를 싣고 직접 거래처를 뛰어다녔다. 골목골목을 돌며 비나 눈이 올 때도 물건을 실었다 내렸다 하는 건 말 그대로 고된 노동이었다. 그런데 몸의 피로보다 더 힘들었던 건 "과연 이게 될까?" 하는 마음속 불안이었다.

그러다 떠오른 게, 보험 영업하던 시절에 쌓아둔 건설업체 인맥이었다. 그 시절의 경험과 네트워크가 단열재 공급처를 찾는 데 큰 도움이 되었다. 나는 설계사무소를 중심으로 돌아다니며 '우리 제품은 준공 서류도 완벽하고, 가격도 경쟁력 있다'는 점을 강조했다. 그때는 '일단 한 건이라도 성사시키자'는 마음으로 아침부터 밤까지 설계사무소와 건설 현장을 뛰었다. 다리가 퉁퉁 부어 녹초가 될 정도였지만, 거래처가 하나둘 늘어갈 때마다 마음 한구석에 희망이 살아났다.

조금씩 자리가 잡혀가면서 거래처도 늘어나고, 매출도 꾸준히 증가했다. 나중에는 단순히 유통만 하는 게 아니라, 직접 생산까지 하게 되었다. 사업이 커지고 체계가 잡히는 듯 보였다. 그런데 사업이라는 게 그렇듯, 모든 게 순조로운 것처럼 보일 때 문제가 터지는 법이다.

단열재 업계에서 흔히 하는 방식은 간단했다. 내가 물건을 납품하고, 이후 시공팀이 작업을 맡는다. 시공팀은 나와는 별개의 업체였으니, 보통은 납품만 완료하면 내 역할이 끝나는 구조였다. 그러나 현실은 달랐다. 시공팀을 추천해달라는 요청이 자주 들어왔고, 나도 선뜻 연결해 주곤 했다. 이번에도 시공팀을 소개하고, 그들의 시공비가 포함된 견적서를 작성해 전달했다. 평소와 다를 게 없어 보였다.

그날 새벽, 물건을 납품하러 현장에 갔고, 물건을 내려주고 현장 소장과 시공팀 대표를 소개한 뒤, '이제 내 할 일은 끝났다'는 안도감에 현장을 떠났다. 그런데 그날 오후, 예기치 못한 전화가 걸려왔다.

"사람이 다쳤습니다."

처음엔 단순한 사고겠거니 했지만, 이야기를 자세히 듣자 상황이 심각했다. 샌드위치 판넬 위에서 천장 작업을 하다, 작업자 두 명이 추락했다는 것이다. 한 명은 팔이 부러졌고, 시공팀 대표는 머리를 크게 다쳐 식물인간 상태가 됐다. 나는 경황없이 병원으로 달려갔다. 그리고 또 하나의 실수를 저질렀다. 내 카드로 치료비를 결제하며 상황을 수습해 보려 했던 거다. 돌이켜 보면, 이때부터 나는 사업가로서가 아니라 감정에 휘둘린 개인으로 행동했다. '정'에 이끌려 문제를 떠안아 버렸다.

사고 뒤로 상황은 더 복잡해졌다. 노동부 조사가 시작됐고, 시공팀 대표의 부인은 건설사와 과실을 다투겠다며 내게 확인서를 요청했다. 나도 아무 생각 없이, 혹은 정에 이끌려 확인서를 써주고 도장까지 찍었다. 그런데 그 확인서는 내가 작성했던 시공비 포함 견적서와 함께 사용되면서, 결국 소송의 대상이 건설사뿐 아니라 나로까지 확장됐다.

그때부터 무려 6년을 경기도 지역 법원으로 전전하며 소송에 시달렸다. 사고 당시 상황을 반복해서 진술해야 했고, 그 과정에서 내 사업뿐 아니라 나 자신도 피폐해졌다. 어느 날 아침에 일어나 샤워를 하는데, 온몸에 소름이 돋았다. "내 처지가 너무 불쌍하다." 눈물조차 나지 않고, 삶에 대한 의지가 뚝 떨어질 정도였다. 사고로 식물인간이 된 시공팀 대표에 대한 미안함이 컸지만, 더 무거운 고통은 모든 책임이 내 탓인 듯 돌아오는 현실이었다. 도의적인 책임이야 통감하지만, 실제로 난 사고의 직접 당사자가 아니었다. 그것을 입증하고 싶어도 방법이 없었고, 그 무력감이 내 영혼을 갉아먹었다.

결국 그 일을 겪은 뒤, '계약서 없는 일은 절대 하지 않는 다'는 철칙을 세웠다. 또, '정'에 이끌려 사업하지 않겠다는 원칙도 정했다. 정은 사람이 살아가는 데 필요한 아름다운 덕목일 수 있지만, 사업에서는 냉철한 판단이 우선이다. 만약 그때 조금만 더 이성적으로 행동했다면, "전 빠지겠습니다. 알아서 해결하세요."라고 선을 긋거나, 도의적 선에서 위로금 정도만 전하고 끝냈을 것이다. 그러면 이렇게까지 복잡해지지 않았을지도 모른다.

나는 여전히 사람에 대한 정이 많은 바보 같은 구석이 있다. 그것까지 고치긴 어렵다. 하지만 그 사고 이후로, 서류 작업과 책임 구분만큼은 철저하게 지키려 노력한다. 사업은 감정이 아니라 원칙과 계획으로 움직여야 한다는 걸 뼈저리게 배웠기 때문이다. 그 교훈이 지금까지 버틸 수 있는 힘이 됐고, 앞으로도 쉽게 넘어진다 해도 다시 일어설 방패가 돼 줄 거라 믿는다.

이제는 어떤 프로젝트든 계약서를 꼭 작성하고, '이 부분은 누구 책임, 저 부분은 누구 책임'인지 분명히 적어둔다. 그 과정이 때론 귀찮고 삭막해 보여도, 나중에 서로 얼굴 붉힐 일을 미리 막는 예방책이다. 감정은 사업에서 동력이 될 순 있어도, 판단의 기준이 되어선 안 된다.

'모든 일에 책임을 질 필요는 없다'는 건, 무책임하게 굴라는 말이 아니다. 내가 책임져야 할 범위와 그렇지 않은 범위를 철저하게 구분하라는 뜻이다. 필요 이상으로 스스로 짐을 떠안고 자멸하지 않도록. 나를 위해서도, 함께 일하는 이들을 위해서도, 애매모호한 책임은 처음부터 확실히 선을 그어야 한다. 앞으로 또 다른 사건이 닥쳐와도, 최소한 '책임질 일인지 아닌지'를 바로 구분할 수 있을 것 같다.

자금 상황이 어려울 때는
'돈'을 잊어라

나는 '돈'을 기준으로 움직이는 사람이다. 하지만 사업은 '돈'만 바라보면 문제가 터지기 쉽다. 사업의 본질이 단순한 돈벌이가 아니라, '지속 가능한 가치'를 창출하는 데 있다는 사실을 잊게 되기 때문이다. 그런데 자금 상황이 급박해지면, 가치 같은 건 사치스럽게 느껴지고 '돈'만 보게 된다. 하지만 바로 그럴 때일수록 한 발 물러서야 한다. 돈이 없다는 두려움이 머리를 지배하면, 오히려 '돈'을 잊고 장기적 관점에서 결정을 내려야 상황이 더 악화되는 걸 막을 수 있다.

동탄에서 규모가 큰 새 프로젝트를 맡았을 때, 한 가지 희망을 품었다. 이 일로 이전 손실을 메꾸고, 더 나아가 새로운 기회를 만들 수 있을 것 같았다. 맡은 작업은 우체국에서 사용하던 물건을 자동으로 옮기는 컨베이어 설치 프로젝트였는데, 사실 이건 돈을 못 받은 하청 업체가 '이 일로 돈을 갚겠다'며 제안한 것이었다. 하청이 LG 계열이었고, 처음엔 외국인 근로자를 투입할 수 있다는 이야기를 듣고 시작했다. 외국인 근로자를 전문적으로 운영하던 우리 팀에게는 이상적인 조건처럼 보였다.

그러나 일은 시작부터 꼬였다. 프로젝트를 맡아 보니, 생각했던 것보다 훨씬 규모가 큰 작업이었다. 처음엔 단순히 컨베이어 설치 정도라 여겼지만, 알고 보니 대규모 옥션 물류라인을 깔아야 하는 프로젝트였다. 나는 "자동화라니, 반도체 장비 설치보다는 단순하겠지"라는 나이브한 생각으로 덤볐는데, 그게 얼마나 순진한 판단이었는지 곧 깨달았다.

오산에 있던 기술자들을 총동원해 현장에 투입했는데, 갑자기 외국인 근로자를 사용할 수 없다는 통보를 받았다. 하늘이 무너지는 기분이었다. 외국인 근로자를 전제로 계획했던 작업이라 모든 게 백지로 돌아간 셈이었다. "이제 어떡하지?" 하고 머리가 하얘졌지만, 이미 사업을 시작한 이상 물러설 수도 없었다. 사방으로 전화를 돌려 간신히 다른 인력을 구해 겨우 작업에 돌입했다.

하지만 현장은 말 그대로 지옥이었다. 한여름, 찌는 듯한 더위 속에 선풍기도 없이 무거운 장비를 옮기고 조립해야 했다. 온종일 몸을 혹사해야 하는 단순 노가다였고, 시간이 갈수록 인력들은 하나둘씩 지쳐 떠났다.

"사람 좀 더 보내줘요."

"여기 너무 힘들어서 못 하겠어요. 오늘까지만 할게요."

이런 전화를 하루에도 몇 번씩 받았다. 인력이 오면 얼마 못 가 도망가고, 새로 보낸 인력도 몇 주 안 가 사라지는 악순환이 반복됐다. 태풍이 몰아친 날에는 비닐로 막아가며 작업을 이어갔다. 몸과 마음이 한계에 다다랐지만, "끝까지 해보자. 어떻게든 마무리해야 한다."라는 생각으로 버텼다. 솔직히 돈을 벌겠다는 욕심보다 자존심과 책임감이 더 컸다. 몇 달 간의 사투 끝에 작업이 조금씩 진척되어, 막바지에 가까워졌다. 그때 남은 금액이 5천만 원이었다.

그런데 마지막 작업을 눈앞에 두고 또 다른 문제가 터졌다. 현장 인력 전부가 사라진 것이다. '환경이 너무 열악하다'는 이유로 아무도 남지 않았다. 이제 선택지가 많지 않았다.

결국 아는 업체에 부탁해 "남은 5천만 원으로 마무리가 가능하겠습니까?"라고 물었고, 그들은 흔쾌히 맡겠다고 했다. 나는 그 말을 믿었다.

그러나 '아는 놈이 더 무섭다'는 말이 제대로 들어맞았다. 그 업체는 남은 금액을 인건비로만 대충 계산해 쓰고, 작업을 다 끝내지도 않은 채 철수해 버렸다. 나는 항의했지만, '할 만큼 했다'고 단호하게 잘라 말했다. 더는 대화가 통하지 않았다. 결국 다시 다른 업체를 찾아야 했고, 그 사이 금액 조정에서 문제가 불거져 소송까지 발생했다. 기존 클라이언트와의 신뢰도 크게 흔들렸다. 결정적으로 브로커가 1억 원을 챙겼다는 사실이 밝혀지면서, 처음부터 작업 금액이 터무니없이 모자랐음을 알게 됐다. 뒤늦게 모든 걸 알았을 땐 이미 늦었다.

이 일의 근본적인 원인은 '받을 돈만 생각하며 성급히 일을 시작했다'는 점이다. 당시 나는 손실을 메우고 싶다는 욕심에 더 큰 그림을 못 봤고, 눈앞의 기회에 집착했다. 사실 사업을 시작하기 전, 작업 규모와 리스크를 충분히 살폈어야 했다. 그러나 '일단 돈부터'라는 조급함에 모든 걸 덮어둔 채 달려든 것이 문제였다.

사업은 돈을 벌기 위한 수단이 아니라, 만들어 가는 가치를 지키고 확장하는 과정이라는 것이다. 무모하게 뛰어드는 선택은 그 가치를 무너뜨릴 뿐이다. 금액으로 보면 그리 큰 돈도 아니었는데, 손실보다 더 큰 것들을 잃었다. 오히려 그럴 때일수록 돈을 잠시 잊고, 더 큰 그림을 봐야 한다. 작은 금액에 급급해 들어갔다가, 더 큰 신뢰와 시간, 그리고 내가 지켜야 할 가치를 잃어버릴 수 있다.

그 시기의 가장 큰 깨달음은 '장기적 관점을 유지하라'는 것이기도 했다. 작은 기회에 눈이 멀어 돌진하기 전에, 이 일이 내 사업 가치를 어떻게 훼손할지, 신뢰는 괜찮을지, 시간이 얼마나 걸릴지 등을 미리 검토해야 한다. 그리고 혹여나 최악의 시나리오가 펼쳐질 수도 있음을 가정하고 대비책을 마련하는 게 진짜 사업가의 책임감이다.

"돈이 다가 아니다."라는 말은 너무 뻔해 보이지만, 극도의 자금 위기 속에서 그 진심을 이해하긴 어렵다. 그러나 바로 그럴 때일수록 멀리 보고, 한 걸음 물러서야 한다. 작은 손실을 메우겠다고 무작정 달려들었다간, 그 이상의 것들을 잃을 수 있으니까.

살아 있으면
다시 시작할 수 있다

사업은 끝없는 도전과 생존의 연속이다. 때로는 치열하게 싸우는 사람만이 성공을 맛볼 수 있지만, 더 중요한 건 쓰러진 뒤에도 다시 일어날 수 있는 용기다. 실패와 고난이 닥치면 모든 걸 놓고 싶을 만큼 절망스러울 수 있다. 하지만 극한의 상황에서도 자신을 다독이며 재기의 기회를 모색하는 사람은 다음 단계로 나아갈 수 있다. 쉬어야 할 때 멈출 줄 아는 용기가 살아남는 자의 가장 강력한 무기가 된다. 이 사실을 죽음의 문턱에서야 비로소 깨달았다.

아웃소싱도 해 보고, 제조업도 해 보고, 용역 사업까지 섭렵해 봤지만 모든 게 잘 풀리지 않던 시절이 있었다. 답답한 마음에 뭔가 돌파구를 찾고 싶었지만, 어디서부터 다시 시작해야 할지 갈피조차 잡히지 않았다. 그즈음, 명절에 육촌 동생이 빌라 분양 대행 이야기를 꺼냈던 기억이 떠올랐다. 진입 장벽이 낮고 수수료가 높다며 강력 추천하더라. 왠지 해볼 만하다는 생각이 들었다. 가족에게는 미안했지만, 결국 부천으로 올라가기로 결심했다. 그 시점에 내 아들은 막 태어난 상태였다. 가족과 사실상 '생이별'하듯 충청도를 떠나며 마음 한구석이 무거웠지만, 달리 방도가 없었다. "무조건 배워야 한다." 그렇게 스스로를 다독이며 부천으로 향했다.

가장 먼저 배운 건 빌라 사진을 찍는 일이었다. 광각렌즈가 달린 카메라를 들고, 집을 최대한 넓고 아름답게 보이도록 구도와 각도를 조정하고, 빛을 적절히 활용해 매일 같이 사진을 찍었다. 작정하고 돌아다니며 하루 종일 작업해도 24가구 찍기가 한계. 한 집당 40컷씩 촬영하니, 앉았다 일어나는 작업만 계속돼서 스쿼트 운동을 하는 기분이었다. 그렇게 6개월 동안 경기도권 빌라를 미친 듯이 찍고 다녔다. 찍은 사진은 블로그에 올리고, 광고를 내고, 문의 전화가 오면 달려가 집을 소개하며 판매하는 일을 반복했다.

동시에 여전히 건설 단열재를 판매하고 있었다. 두 가지를 병행하느라 쉬는 날이 없었다. 내 방식대로 정신없이 살아가고 있었지만, 문제는 집에서 홀로 아이를 돌보던 아내였다. 그녀는 산후 우울증으로 점점 더 지쳐갔다. 갓난아기를 혼자보는 게 얼마나 힘들었을까. 당시 내 일에 치여 그것을 제대로 이해할 겨를도 없었다. 지금 돌이켜보면, 그 시절의 아내를 더 배려하지 못해 미안한 마음이 크다.

결국 김포로 사무실을 옮겨 본격적으로 빌라 분양 대행을 시작했다. 대대적인 광고를 하고, 마케터와 직원을 잔뜩 고용하며 회사를 키워 나갔다. 처음 몇 달은 밑 빠진 독에 물 붓기 같았다. 집을 몇 채 팔아도 수수료는 입주와 잔금 처리 이후에나 들어오는 구조라, 수익이 쉽게 생기지 않았다. 광고비와 인건비는 계속 지출됐고, 단열재로 번 돈에 대출금까지 끌어다 쓰며 간신히 버텼다.

하지만 시간이 지나면서 조금씩 안정화에 접어들었다. 직원 수도 늘고, 나도 직접 판매를 뛰면서 상황을 개선하니 "이번엔 정말 되는구나" 싶었다. 봄이 오면서 이삿짐이 움직이는 시즌이 되자, 광고비로 수억 원을 쏟아부은 결실을 회수할 때가 다가오던 참이었다. 내 모든 노력이 드디어 빛을 보나 싶었다.

그러나 인생은 언제나 예측 불가한 상황으로 시험에 들게 한다. 바로 그 시점에 코로나가 터졌다. 사회 전체가 멈춰서며, 우리도 그 충격을 정면으로 받았다. 문의 전화는 뚝 끊기고, 사람들이 밖으로 나오질 않으니 집을 보여 줄 기회조차 없었다. 설상가상으로 신천지 집회가 이슈가 되면서, 그 불똥이 우리 회사로도 튀었다. 직원 중 한 명이 신천지 집회에 참석했다는 사실이 밝혀지며 회사 전체가 혼란에 빠졌다. "왜 이런 악재가 한번에 몰려오지?" 하고 운명을 원망하는 날들이 이어졌다.

그런데 이게 끝이 아니었다. 어느 날, 블로그가 완전히 망가진 것이다. 메인 블로그 노출이 중단되자 모든 문의가 끊겼다. 이미 코로나로 최악이었는데, 이번엔 결정타였다. 밤낮없이 원인을 찾은 끝에, 내 블로그의 사진과 글이 다른 블로그에 그대로 올라가 있었다는 사실을 알게 됐다. 불과 3일 출근했던 직원이 회사 자료실의 자료를 몽땅 복사해 자기 블로그에 올렸고, 네이버는 이를 유사 문서로 인식해 우리 블로그의 노출을 막아 버린 것이었다.

한두 개의 블로그가 망가진 것이 아니라 모든 블로그가 망가져 버렸다. 그 직원이 어디에 있는지 찾아내 설득했고, 함께 직원의 집으로 가서 문제의 자료를 삭제했다. 그런데 이것이 화근이 됐다. 그가 우리를 '주거침입과 재물손괴'로 신고한 것이다. 주거침입은 성립되지 않았지만, 재물손괴가 문제가 됐다. 게다가 둘이 함께 들어갔다는 이유로 특수재물손괴 혐의까지 뒤집어쓰게 됐다. 1년에 걸친 재판은 내 정신을 갉아먹었다. 회사는 풍비박산이 됐고, 가족들도 지칠 대로 지쳤다. 결국 원룸 사무실로 옮겼고, 혼자 술에 의지해 일하는 생활을 반복했다.

솔직히 그 시절, 나도 모든 걸 포기하고 싶었다. 어느 날 밤, 사무실에서 술을 마시던 나는, 천장에 줄을 매달았다. 영화에서나 보던 광경이었다. 술에 취하지 않았다면 차마 용기가 나지 않았을 것이다. 하지만 술김에 목을 매고 말았다. 죽음이었다.

얼마나 시간이 지났는지 모를 정도로 긴 순간이 흘렀을 때, 줄이 퍽 끊어지면서 차가운 바닥에 떨어졌다. 기적처럼 살아났다. 정신이 번쩍 들었다. 그리고 등줄기를 타고 올라오는 생각이 있었다.

"여기서 멈추면 안 된다!"

그 뒤로도 수많은 실패를 겪었고, 지금도 시행착오를 거듭하며 전진하고 있다. 하지만 죽음 문턱까지 가 보고 깨달은 건, '힘들면 쉬어야 한다'는 사실이었다. 예전엔 쉬는 걸 죽기보다 싫어했지만, 적당한 쉼은 반드시 필요하다. 쉼 없이 돌진하다가는 정말 극단적 선택을 할 수밖에 없게 된다. 내겐 신이 차가운 바닥으로 나타나 '다시 살아가라'고 일깨워준 셈이다.

죽음으로 도망치는 건 어찌 보면 순간적으로 쉬워 보일지도 모른다. 하지만 살아남는 것이 진짜 싸움이다. 사업은 계속되는 실패와 고난의 연속이지만, 멈추지 않고 살아남으면 언젠가는 또 다른 기회가 찾아온다. 숨 가쁘게 달려야 할 순간은, 사실 '쉼 없이 앞으로 나아가는 것'이 아니라, '살기 위해 때로는 멈추고 쉬어갈 줄 아는 용기'가 필요한 순간이라는 뜻이다. 사업가에게 지치고 멈춰서는 시간은 죄가 아니다. 오히려 필요한 충전이자, 다음 단계를 위한 준비다.

그러니 괴롭고 힘들어도 '잠시만 숨을 고르자'고 자신을 다독이자. 멈춤이란 포기가 아니라, 다시 뛸 준비다. 쉼 없이 돌진하다 결국 목숨을 걸어야 하는 상황까지 가지 않도록, 스스로 기회를 주는 게 중요하다. 사업이든 인생이든 멈춤도 전략이 될 수 있다. 한 템포 쉬는 동안, 가족에게 미안함을 풀 시간도, 새로운 길을 찾을 기회도 생긴다. 무엇보다 내일을 꿈꿀 수 있는 시간을 벌게 된다.

　힘들다면 과감히 쉬어라. 충전이 끝나면 다시 시작하라. 이것이 삶의 끝점에서 배운 가장 단순하고도 강력한 교훈이다.

문제는 끊임없다는 것을
받아들여라

사업은 문제 해결의 연속이다. 예상치 못한 장애물과 위기는 언제나 사업가의 앞길을 가로막는다. 중요한 건 문제가 생기는 걸 두려워하기보다, 그 문제를 해결해 나가는 과정 자체가 사업의 본질임을 깨닫는 것이다. 문제는 해결하면 또 다른 형태로 나타난다. 사업가는 이 끝없는 문제 해결의 여정을 견디고, 배우고, 발전해야 한다. 문제를 피하려 애쓰는 대신, 문제를 마주하고 돌파하는 능력이 진짜 사업의 힘을 만들어 낸다.

단열재 유통업을 시작하고 어느덧 5년이 흘렀다. 매출은 꾸준히 상승곡선을 그리고 있었고, 사업은 새로운 전환점을 맞이하고 있었다. 매출이 계속 늘어나니 개인 사업자로는 한

계가 보여서 법인 전환을 결심했다. 이제 한 단계 더 제대로 해 보자고 다짐했고, 유통만으로는 부족하다고 판단해 단열 제를 직접 제조하기로 마음먹었다.

우선 공장 한 켠에 설비를 들여놓고 열반사 단열재 생산을 시작했다. 그런데 문제가 있었다. 정부의 정식 인증 절차가 까다로운 탓에, 전 과정을 직접 수행하기가 쉽지 않았다. 그래서 일부 공정은 하청 형태로 맡아, 알루미늄을 가공하고 합지 작업까지 마친 뒤 타공은 다른 업체에 맡기는 OEM 구조를 꾸렸다.

여기서 핵심은 영업망 구축이었다. 다른 특별한 방법이 없었기 때문에, 직접 현장을 뛰어다녔다. 시공팀을 조직해 제조 생태계를 만들어가는 과정도 필수였다. 여러 시공팀을 만났고, 그 과정에서 좋은 인연도 생겼지만, 반대로 신뢰하기 어려운 팀도 있었다. 한 팀에서 독립해 나가 새로 생긴 시공팀이 네다섯 개에 이를 정도로, 이 판은 의외로 활발했다. 분명 돈이 되는 구조였기에 시공팀도 계속 확장할 수 있었을 것이다.

문제는 여기서부터였는데, 일부 시공팀에서 각종 사고가

끊이지 않았다. 고객과의 갈등부터 시공 불량, 약속을 지키지 않는 것 등 골치 아픈 일들이 줄곧 터진 것이다. 특히 조적 시공 현장에서 타이핀을 전부 잘라버린 사건은 잊을 수가 없다. 타이핀은 벽과 구조물을 연결하는 필수 고정 장치인데, 작업자가 '도면을 잘 보고 했다'며 죄다 제거해 버린 것이다. 한순간 건물이 무너질 뻔한 치명적 상황이었다.

현장 소장은 경악하며 앙카를 전부 박아야 한다고 했다. 견적은 200만 원 이상. 누가 봐도 시공팀의 잘못이 명백했는데, 그들은 배상을 거부하고 도리어 소리를 지르며 난동을 부렸다. 며칠 실랑이 끝에 손해를 반반 부담하기로 하고, 그 팀과의 거래는 그날로 끝났다. 몇 해 함께 일했던 팀이었지만, 신뢰가 깨졌으니 더 이상 같이 갈 수 없었다.

이런 예기치 못한 사고들은 제조업 자리를 잡아가는 동안 점점 더 많아졌다. 시공팀 간의 갈등, 미수금 문제, 크고 작은 현장 사고들이 쉴 새 없이 터졌다. 정신없이 수습에만 몰두했다. 결국 결단을 내렸다. '우리만의 시공팀을 직접 운영하자.' 남에게 맡기고 속 썩느니, 차라리 직접 관리하며 책임지는 편이 낫겠다고 생각한 것이다.

그래서 새로 사업자를 내고 정직원 시공팀을 운영했다. 자체적으로 훈련을 시키고 현장을 관리하니, 품질과 신뢰도가 크게 높아졌다. 고객사들의 만족도가 올라가면서 매출도 늘어났다. '이제 순조롭게 굴러가는구나' 싶던 찰나, 예고 없이 정부 규제가 시작되었다. 열반사 단열재의 생산과 판매를 전면 중단한다는 것이었다. 납득이 안 됐지만, 정부 결정이라면 빠르게 다른 방법을 찾아야 했다.

곧바로 수입산 단열재로 눈을 돌렸다. 하지만 수입 과정은 훨씬 더 복잡하고 까다로웠다. 건당 인증 비용만 1억 5천만 원을 훌쩍 넘겼다. 기준은 점점 까다로워졌고, 내 입장에서는 감당하기 어려운 금액이었다. 고민 끝에 ODM 계약을 맺기로 했다. 인증을 받은 국내 업체와 협력해, 수입된 물품을 가공해 판매하는 방식이었다. 힘들게 마련한 사업 구조가 다시금 안정세를 찾는 듯했다.

그런데 또 다른 문제가 튀어나왔다. 시공팀 대표로 있던 한 팀장이 암 진단을 받은 것이다. 회사가 돌아가는 데 중요한 역할을 하던 사람이 갑자기 일을 못 하게 되니, 시공팀 하나를 해체할 수밖에 없었다. "이제 정말 끝인가?" 하는 생각이 스쳤다. 대표님은 요양을 위해 시골로 내려갔고, 외국인 시공팀만 남아 운영했다. 그런데 외국인 팀은 또 언어 장벽이라는 문제가 있었다. 열 가지 중 아홉 가지를 일일이 직접 지시하고 관리해야 했다. 다만 일만큼은 꼼꼼하고 성실하게 해 줘서, 그게 유일한 위안이었다.

이 단열재 사업은 지금까지도 내게 가장 안정적인 수익을 가져다주는 알짜 중의 알짜다. 하지만 언제나 그렇듯, 잊을 만하면 보란 듯이 새로운 문제가 발생한다. 사업이란 게 결코 익숙해질 틈을 주지 않는다. 끝없는 선택의 기로가 이어진다. 열심히 하면 보상받는다는 단순 논리는 거의 통하지 않는다. 대신 '실패하면서 배운다'는 뼈아픈 진리를 몸소 경험해야, 가끔 찾아오는 성공의 달콤함을 맛볼 수 있다. 잘되면 내 몫이지만, 잘못되면 그 책임도 전부 내 몫이다.

'사업은 문제없는 시기가 없다'고 받아들이는 게 마음이 편하다. 문제는 계속 생긴다. 해결하면 또 다른 형태로 찾아온다. 그 과정을 어떻게 견디고, 배워서 성장하느냐가 관건이다. 피하려 하거나 없앨 수 있다고 믿기보다는, 문제를 '당연히 있을 것'으로 인식하고 사업가로서 단단해지는 게 더 현명하다.

단열재 사업을 하며 숱한 문제를 겪은 뒤에야 '문제 해결 능력이 곧 사업의 본질'이라는 걸 깨달았다. 지금 이 순간에도 예상치 못한 문제가 터질 수 있다. 그때마다 스스로를 원망하거나 '왜 나에게만 이런 일이!' 하고 절망하기보다, '해결해야 할 일이 생겼구나' 정도로 받아들이는 태도가 필요하다. '문제는 끊임없다'는 걸 받아들이면, 문제에 대한 막연한 두려움도 줄어든다. 문제가 생기는 걸 불운이나 실패로만 치부하지 않고, 사업가의 숙명으로 받아들이면, 마음가짐이 달라지는 것이다.

문제와 함께 살아가는 태도 덕분에, 언젠가 하늘이 '너 참 고생 많았다'며 소소한 성취를 안겨줄 때 '버티길 잘했구나' 하고 느낄 수 있을 것이다.

모르는 사람을
고용하라

사업은 관계가 아니라 시스템으로 운영해야 한다. 가까운 사람과 시작하면 신뢰와 편안함이 강점이 될 수 있지만, 역할과 책임이 불명확해지는 순간 사업은 혼란에 빠진다. '잘 알기 때문에 괜찮을 거야'라는 기대는 가장 큰 위험 요소다. 사업은 능력과 성과로 평가받는 곳이지, 정과 유대감으로 굴러가는 곳이 아니다. 차가운 기준과 명확한 책임 분담만이 사업을 지탱하는 진짜 힘이다. 결국, 사업의 성공은 사람을 고용하는 게 아니라 '필요한 역량'을 고용하는 것에서 시작한다.

나는 제조업을 하다가 공장 안 설비를 만드는 플랜트 사업에도 눈길이 갔다. 그래서 충남 서산의 '대산'이라는 지역에서 일을 받으려고 사업을 키웠다. 이때 오랫동안 현장에서 일해 온 형님을 영업이사로 영입했고, 쉬고 있던 친한 친구도 불러들였다. 기숙사도 마련해 주고, 급여도 1.5배로 넉넉하게 챙겨줬다. 그렇게 만반의 준비를 마치고 플랜트 사업이 순항하며 출발했는데, 첫 번째로 맡은 일은 대한항공 탑승 게이트 공사였다. 국내 두 곳의 업체가 나눠서 맡았고, 우리는 그중 한 업체의 하청으로 일하게 됐다. 처음엔 도면을 보며 '이 정도면 간단하겠지' 싶었고, 담당자들도 잘 섭외되어 '문제없겠다' 싶었다.

그런데 단열재 시공에서 꺾이는 부분이 문제가 되었다. 기존 자재로는 도저히 시공이 불가능했다. 결국 할 수 있는 부분만 먼저 시공하고, 꺾이는 부분은 나중에 해결하기로 했다. 시간이 지나면 방법이 떠오르리라 낙관했던 건데, 사업 현실이 어디 그런가. 공수 계산이 예상을 벗어나 두 배 이상으로 불어났다. 견적을 팍팍 끼워 맞춰서 받아 낸 일이라 여유분이 전혀 없었는데, 결과적으로 예정보다 훨씬 많은 인력과 비용이 들어갔다. 그러니 남을 줄 알았던 공사가 오히려 인부들만 돈을 버는 구조가 되어 버렸다.

그래도 어느 정도는 버티면서 수주를 계속해 나갔다. 그렇게 21개 프로젝트를 마무리했는데, 현장직 인력은 유지해도 내근직과 영업직이 감당이 안 되었다. 특히 불러왔던 친한 친구의 급여가 400만 원이 넘었다. '이 정도는 챙겨줘야지'라고 배려했던 게 결국 큰 부담이 되었다. 친구는 현장 일에 도무지 적응을 못 했고, 크고 작은 분쟁이 끊이지 않았다. 군산 현장으로 옮겼지만 역시 불만투성이였다. '그러면 차라리 도면이라도 봐라' 싶어 공장으로 데려왔는데, 이번엔 사고를 당했다. 발등에 철판이 떨어져 크게 다친 것이다.

입원을 권유했지만, 친구는 깁스한 채로 현장에서 일을 계속했다. '영업이사가 시킨다'는 말에 감정이 뒤엉켰다. 결국 산재 처리를 했어도 둘 사이 골이 깊어졌고, 어느 날 친구는 통보도 없이 무단이탈해 연락이 두절되었다. 이미 사업에서 손을 떼야 하는 상황이었는데도, '친구인데 어떡하냐'라는 마음이 날 옭아맸다. 친구는 다쳤으니 내 책임이라는 죄책감도 들었다. 그런데 알고 보니 일은 안 하고 급여만 챙겨 가면서도 다른 알바를 하고 있다는 소문까지 들리니, 정말 피가 거꾸로 솟았다.

결국 모든 책임이 대표인 나에게 돌아왔다. 파벌 싸움처럼 꼬여 있던 사연이 길지만, 결론적으로 난 회사를 영업이사에게 넘겼고 대표이사 자리에서 물러났다. 그때는 정말 하늘이 무너지는 기분이었다. 그래도 다행이라면, 영업이사가 회사를 이어받아 지금까지는 나름 잘 운영하고 있다는 점이다. 한편으론 '내가 만든 회사가 이렇게라도 굴러가는구나' 싶어서 묘한 뿌듯함도 있었다. 정작 급여가 적다고 투덜대던 친구는 일용직으로 돌아갔다는 이야기를 듣고, 씁쓸하면서도 허탈했다.

어쨌든 회사를 넘긴 뒤에도 플랜트 사업에서 담당할 수 있는 일부만 협업을 이어 갔다. 서로의 장점을 살려 공생 구조로 운영 중인데, 사업이란 게 참 묘하다. 어제의 적이 오늘의 동료가 되고, 한때는 못 견디게 싫었던 사람이 어느 순간 든든한 조력자로 변하기도 한다.

다만 친구와의 관계는 끝내 복구되지 않았다. 지금은 신세한탄 전화만 가끔 받는데, 솔직히 그저 씁쓸할 뿐이다. 더 되돌이켜보니, 예전에 아는 사람들과 시작했던 사업들이 대부분 결과가 좋지 않았다. 가까운 사람일수록 '배려'한다는 이유로 시스템이 무너지고, 결국은 책임과 감정이 대표인 나에게 몰렸다. 그래서 이제는 아예 구인 사이트에서 완전히 모르는 사람을 채용하는 쪽이 훨씬 낫다는 결론을 내렸다.

사업은 결국 시스템이지, 관계가 아니라는 걸 뼈저리게 배웠다. 아무리 친한 사이여도, 서로의 역할과 책임을 정확하게 정하지 않으면 사업이 곧 삐걱거린다. '우리끼린 괜찮겠지.' 하는 방심은 사업을 그르치기 딱 좋은 지름길이다. 가까운 사람끼리 시작하면 물론 마음은 편할 수 있다. 서로를 잘 아니까 신뢰도 있고, 의사소통도 편하다고 생각한다. 하지만 책임이 모호해지는 순간, 일을 잘못했을 때 누가 감당하고 누가 보상해야 하는지도 분명치 않아진다. 결국 감정이 섞여서 일이 꼬이고, 피해는 대표 혼자 뒤집어쓰게 되는 경우가 많다.

그래서 모르는 사람을 고용하는 편이 낫다. 아예 서로에 대해 아무것도 모르는 상태에서, 능력만을 기준으로 합류시키는 편이 사업 운영에는 훨씬 좋다. 서로 지켜야 할 선이 명확하고, 일이 잘못되면 계약서대로만 처리하면 된다. 정과 유대감이 없는 대신, 뚜렷한 책임 분담과 시스템이 작동한다. 아울러 직원 대신 '역량'을 뽑는다고 생각하는 게 중요하다. 사업이 커질수록 더 필요한 건 '누가 더 일 잘하고, 문제를 해결할 능력이 있는지'이지, 오래된 친구가 편하게 일할 자리를 만들어 주는 것이 아니다. 친구 관계를 유지하고 싶다면, 차라리 사업을 함께하지 않는 게 낫다.

'관계보다 시스템'이라는 원칙만 지키면, 사업에서 감당해야 할 불필요한 감정 소비를 대폭 줄일 수 있다. '모르는 사람과 차갑게 일하라'는 말이 아니라, '모르는 사람이라도 좋은 역량을 가진 사람이면 충분하다는 뜻이다. 이것이야말로 감정의 늪에서 벗어나 사업을 온전히 굴리는 길임을, 여러 시행착오 끝에 깨달았다.

3부

밑바닥에서 배운
실패하지 않을 전략들

내가 번 돈의 대부분은 '현장'에서 번 돈이다.
현장에 있으면서 돈 벌 생각을 할 수 있다면,
돈을 만들어 내는 것은 시간 문제일 수밖에 없다.

The introduction to Failure

고정비는
무조건 줄여라

사업을 하며 가장 무서운 적 중 하나는 고정비다. 평소에는 통제 가능한 수준에서 운영되던 고정비가, 예기치 못한 위기가 닥쳤을 때는 회사의 생명줄을 위협하는 족쇄로 변한다. 특히 2020년 코로나 당시, 고정비의 무게를 체감한 사업가들이 한둘이 아니었다. 코로나 초기에 대부분은 팬데믹이 몇 주에서 길어야 몇 달 안에 끝날 것이라 믿었다. 그러나 이 위기가 무려 2년 이상 지속될 줄은 누구도 예상하지 못했다. 그 결과, 많은 사업가들은 충분히 준비되지 않은 상태에서 팬데믹이라는 긴 터널로 진입했다.

코로나가 발생하고 초기 몇 달 동안, 대부분의 사업가는 기존의 인력과 고정비를 유지하며 버텼다. '금방 끝나겠지'

라는 희망과, 기존 직원들을 쉽게 내보낼 수 없다는 현실적인 고민이 결합되어, 고정비를 유지하는 것이 당연한 선택처럼 보였다. 처음 몇 개월은 매출 감소에도 불구하고 어느 정도 감당할 수 있었다. 사업가들은 비상금을 동원하고, 일부는 자금을 대출받아 고정비를 충당했다. 하지만 시간이 지나면서 점점 통장의 잔고가 비어가기 시작했다.

6개월. 이 시점이 전환점이었다. 이때부터 많은 사업가들이 '뭔가 잘못됐다'는 것을 깨닫기 시작했다. 하지만 이미 늦었다. 대부분은 고정비를 감당하지 못하고 도산 위기에 처했고, 새로운 아이템을 찾으려는 사람들도 있었다. 하지만 정부에서 사람들이 돌아다니지 못하도록 했다. 전례 없는 일이었다. 가게를 운영하면 자영업자들은 무너지지 않을 수 없는 환경이었다.

팬데믹 초기에 마스크와 같은 특정 아이템이 떠오르며 일부 사업가는 기회를 포착했다. 단기간에 수익을 올리는 데 성공한 사례도 적지 않았다. 마스크 제조 기계를 한두 대 설치하고 소규모로 운영하며 매출을 올린 사람들은 한동안 큰 매출을 올렸다. 그러나 곧 문제가 발생했다. 단기적인 성공에 도취된 이들은 확장을 시작했다. 더 많은 기계를 들여와 20~30대 규모의 자동화 생산 라인을 구축하고, 직원도 대거 채용하며 판을 키운 것이다.

그때부터 팬데믹 중에도 마스크 수요는 급격히 줄어들었다. 시장이 포화 상태에 이르며 가격 경쟁이 치열해졌고, 고정비는 사업을 압박하기 시작했다. 마스크 사업을 확장했던 대부분은 결국 이를 감당하지 못하고 무너지기 시작한 것이다. 고정비가 이미 커진 상황에서, 고정비를 줄이는 선택을 하는 것은 쉽지 않다. 매출이 같이 줄어들 가능성이 높기 때문이다.

결국 코로나가 시작된 지 6개월, 첫 번째 파산의 물결이 몰려왔다. 이 시기까지 버티지 못한 사업체들은 대부분 자영업자나 소규모 업체였다. 외식업이나 여행업처럼 코로나와 맞지 않는 업종에 종사하거나, 해외 물류에 의존하던 업체들은 속수무책이었다. 특히 수출입 관련 업체들은 이동 제한과 물류 정체로 심각한 타격을 입었다. 해외에서 부품을 들여와야 하는 제조업체들은 공급망이 막히면서 발주를 소화하지 못했고, 계약 파기로 이어졌다. 결과적으로 위약금을 물거나 소송에 휘말리며 더 큰 손해를 입었다.

식당을 크게 운영하시던 분은 7개의 가게를 운영하며 매달 7천만 원에 달하는 고정비를 감당할 만큼 성공적인 사업을 이어갔다. 하지만 코로나로 인해 손님이 급감하며 매출은 고정비에 한참 못 미쳤다. 이내 7개 가게를 1개로 줄이기까지 단 6개월이 걸렸다. 그것도 늦었다. 고정비를 줄이는 속도보다, 돌아다니는 사람들이 줄어드는 속도가 훨씬 빨랐기 때문이다.

코로나처럼 갑작스런 위기 상황은 고정비의 중요성을 배울 좋은 기회일 수 있다. 고정비를 과감히 줄인 사람들은 지금도 살아남아 있다. 반면, 희망을 붙들고 고정비를 유지했던 사업가들은 대부분 폐업하거나, 큰 손실을 감수해야 했다. 코로나 이후, 프리랜서와 외주를 활용하는 방식이 급격히 보편화된 것도 같은 이유다. 예전에는 정직원을 채용해 고정급을 지급하는 방식이 일반적이었다. 하지만 팬데믹을 거치며 사업가들은 레버리지를 활용하는 방법을 적극 도입했다. 한 직원을 고용하면 월급으로 300만 원을 지급해야 했다. 하지만 외주를 활용하면 하루 10~15만 원으로 동일한 업무를 처리할 수 있었다. 퀄리티가 비슷하다면 굳이 고정비를 감당하며 직원을 고용할 이유가 없었다.

사업의 성패는 매출만으로 결정되지 않는다. 매출을 유지하기 위한 비용, 즉 고정비를 어떻게 통제하느냐가 결정적인 순간 생존의 열쇠다. 고정비는 감당할 수 있을 때만 유지해야 한다. 필요 이상으로 감정에 이끌려 직원을 유지하거나, 사업을 확장하는 것은 위험하다. 코로나가 길어질수록, 빠르게 결단을 내린 사업가들이 살아남았다. 고정비를 줄이는 방법 중 하나는 레버리지다. 정직원 대신 프리랜서를 활용하거나, 외주를 통해 업무를 분산하면 고정비를 효과적으로 줄일 수 있다.

코로나는 끝났지만, 또 다른 위기는 언제든 찾아올 수 있다. 사업가는 위기에 대비해 고정비를 최소화하고, 위험을 분산시키는 전략을 갖춰야 한다. 고정비를 다스리는 법을 배운 자만이, 다음 위기에서도 살아남을 것이다. 고정비는 무조건 졸라 매자.

매일
현장에 가라

처음에는 일을 효율적으로 처리하고 싶어서 현장을 자주 나가지 않았다. 현장에 사람을 보내고 '잘 알아서 하겠지'라는 안일한 생각에 맡긴 적이 많았다. 그러나 결과는 항상 문제와 손해로 돌아왔다. 한번은 특히 뼈아픈 기억이 있다. 바쁘다는 핑계로 현장에 직접 나가지 않고 외국인 근로자들과 팀장에게 지시만 내렸다. 그들은 말이 잘 통하지 않는 외국인 근로자들이긴 했지만, 여러 차례 함께 일하며 믿음을 쌓아온 팀이었다. '이 정도면 잘 알아서 할 수 있겠지.' 그렇게 생각하고 다음 일정으로 떠났다.

며칠 뒤, 현장에서 문제가 생겼다고 연락이 왔다. 자세한 상황을 묻자 외국인들이 일을 잘못해서 큰 손해가 발생했다는 것이었다. 소장과 담당자는 외국인들이 지시를 정확히 이해하지 못해서 이상하게 작업했다고 주장했다. 그 이야기를 듣고 급히 현장으로 달려갔다. 이미 모든 상황은 외국인 근로자들의 실수로 결론 지어진 상태였다. 소장은 그들 잘못이라고 강하게 밀어붙였고, 말이 서툰 근로자들은 억울해하며 입을 다물었다. 모든 것은 우리 측의 잘못처럼 보였다. 현장 점검을 하지 않은 게 문제였다. 결국, 실수를 인정하고 돈을 받지 못한 채 손해를 감수해야 했다. 몇 주 동안의 작업이 허사로 돌아간 순간이었다.

그런데 외국인 근로자들과 이야기를 나눠 보니, 그들은 '우리는 지시받은 대로 정확히 했다'고 억울함을 호소했다. 그들의 말대로라면 현장 소장 측의 관리 부주의가 원인이었다. 그러나 그때는 이미 결론이 내려진 상황이었다. 나는 현장에 있기 않았기 때문에, 즉각적으로 대응하지 못했다. 결국 현장 '점검'만 했어도, 받을 수 있는 돈이었던 것이다.

그때 깨달았다. 현장에 가지 않고 쉽게 일을 하려다 보면, 오히려 더 멀리 돌아간다는 것을. 귀찮다고, 바쁘다고 현장을 점검하지 않았던 내 행동 하나가 수백만 원의 손실을 만들었다. 건설과 관련한 사업에서는 현장의 '순간적인 판단'은 무엇보다 중요했다. 현장 관리가 철저히 이뤄지지 않으면 '말 잘하는 쪽'이 유리한 게임이 된다.

그 사건 이후로 항상 현장에 있기로 결심했다. 몸은 고되더라도, 현장에 직접 가서 보는 것이 결국 더 편하다. 아침이라도 잠시 가서 작업 상태를 확인하고, 작업자들과 이야기를 나누며 예상되는 문제를 사전에 차단했다. 현장을 한 번 보는 것만으로도, 나중에 벌어질 큰 문제들을 미리 막을 수 있다.

사람들은 종종 '체계를 잘 갖추고, 시스템화하면 현장을 덜 나가도 된다'고 말하지만, 우리 같은 사업에서는 그게 쉬운 일이 아니었다. '작은 일은 작은 돈, 큰 일은 큰 돈'이라는 사고로 일을 대충 관리했다가는 큰 손실로 돌아온다. 그 후로도 수많은 현장을 점검하면서, 사람의 의지와 부주의가 현장의 결과를 얼마나 좌우하는지를 뼈저리게 느꼈다. 그리고 일을 쉽게 하려는 마음을 먹는 순간, 나를 힘들게 하는 사건들을 발생시켰다.

지금은 현장에 직접 가는 걸 습관으로 만들었다. 아무리 바빠도 잠깐이라도 얼굴을 비추고, 확인하고, 지시하고 나온다. 이것이 시간이 지날수록 오히려 더 편안한 길이 되었다. 몸이 바쁜 건 잠깐이지만, 손해가 발생하면 그 후폭풍은 오랫동안 이어진다는 걸 그제야 배웠다. 사업은 결국 나 자신의 책임이다. 아무리 믿을 수 있는 사람에게 맡겨도 최종 책임은 나에게 있다. 처음엔 그게 억울하게 느껴졌지만, 이제는 오히려 그 사실이 마음의 중심을 잡아 준다. 현장을 관리하고 사람을 믿되, 내 눈으로 확인하는 것만이 확실한 신뢰의 기준이 된다.

쉽게 가려는 길은 늘 멀리 돌아가게 만든다. 이 작은 교훈 하나만으로도 수백만 원을 잃었지만, 훨씬 더 큰 값진 것을 얻었다. 현장은 언제나 현실이다. 눈으로 보고, 손으로 만지고, 귀로 들어야만 진짜다. 이 사실을 마음에 새기면서 오늘도 현장으로 향한다.

숨은 관리자를
만들어라

내가 했던 아웃소싱 사업, 용역 사업은 '사람'이 자원인 사업이다. 이 사업은 사람이 제일 중요하다. 그래서 적합한 사람을 찾는 것은 때로 사업 성패를 좌우한다. 수많은 사람을 채용하고 관리하면서 얻은 결론은 명확하다. 제때 보고할 수 있는 사람을 반드시 두어야 한다. 보고는 단순한 업무 과정이 아니라, 사업 운영의 흐름을 결정짓는 핵심 요소다.

대규모 인원을 관리할 때 가장 먼저 직면하는 문제는 예측 불가능한 상황들이다. 한번은 새벽에 직원 15명이 한꺼번에 도주하는 일이 있었다. 조직 내 누군가가 보고를 제대로 했다면 이런 일이 발생하지 않았을 것이다. 이 사건은 보고 체계의 부재가 어떤 재앙을 초래하는지 여실히 보여 주었다.

내가 아무리 현장을 열심히 드나든다 해도, 이런 정황을 파악할 수는 없었다.

'숨은 관리자'를 둬야겠다는 결심은 그때 생겼다. 공식적인 직책이 아니라 보이지 않는 곳에서 상황을 체크하고 보고할 수 있는 사람을 배치하기로 한 것이다. 이들은 동료들 사이에 스며들어 있다가도 문제가 발생하면 즉각 알렸다. 작은 갈등이 커지기 전에 해결하고, 예상치 못한 인력 공백을 미리 대비할 수 있었다. '도주 사건'처럼 큰일이 발생해서 엄청난 손실을 입기 전에, 상황을 해결할 수 있는 실마리를 찾을 수 있었던 것이다.

'숨은 관리자' 역할을 아무에게나 맡겼다가는 더 큰 봉변을 당한다. 이 역할을 맡길 사람은 몇 가지 기준을 충족해야 하는데, 제일 중요한 건 책임감이다. 이상한 낌새를 느낄 때마다 보고하는 책임감이 가장 중요하다. 그리고 객관적인 사실 파악을 잘하는 사람이어야 한다. 자신의 판단에 따라 정보를 걸러내지 않고 사실을 있는 그대로 전해야 한다. 본인의 의견을 섞는 경우는 배제했다. 그리고 자발적 동기가 있어야 한다. 회사에 대한 애정이 있는 사람은 '숨은 관리자' 역할을 맡으면서 만족스러워 한다는 것을 그때 알았다.

숨은 관리자를 운영하면서 중요한 원칙이 하나 생겼다. 권한을 주지 않고 책임을 부여한다. 보고를 맡긴다는 것은 결정을 내리는 권력을 주는 것이 아니라 상황을 알릴 의무를 지우는 것이다. 사람들은 책임감을 느끼면서도 권력 다툼에서 벗어나 효율적으로 움직였다. 그리고 보상 체계를 투명하게 운영했다. 문제를 잘 보고하고 책임을 다한 사람에게는 금전적 보상을 약속하고 정확히 이행했다. 사람들은 자연스럽게 더 성실하게 보고하고, 조직은 점점 안정되었다. 물론 금전적 보상은 강력한 동기 부여 수단이지만, 장기적으로는 사람을 유지하는 데 한계가 있다. 보고의 중요성을 충분히 인식하게 하고 조직의 일원으로서 책임감을 느끼게 만드는 것이 핵심이다.

어느 순간부터는 새로운 사람을 뽑을 때 관리 시스템을 체계화하려는 시도도 해 봤다. 그러나 공적인 직책을 부여하면 견제와 권력 다툼이 발생했다. 직책은 없지만 책임은 있는 관리자라는 개념이 훨씬 효과적이었다. 이들은 다른 직원들 사이에서 자연스럽게 리더십을 발휘하면서도 과도한 권위를 행사하지 않았다. 사업은 불확실성의 연속이기 때문에, 보고 체계를 세우고 적절한 사람을 두는 일은 단순한 관리가 아니라 사업 운영의 안전장치다. 조직 내에서 누가 어떤 문제를 먼저 발견하고 즉각 알리느냐에 따라 수많은 상황이 달라진다.

적절한 보고 체계는 사업을 지속 가능하게 만든다. 대표는 전면에서 전투를 벌이기보다는 정확한 보고를 통해 한발 앞서 대처할 수 있다. 그렇기 때문에 현장의 분위기와 소문 등을 나에게 알려 줄 사람이 중요한 것이다. 내가 운영한 사업들처럼 '사람'이 중요한 사업이라면, 제때 보고할 수 있는 사람을 찾는 일이야말로 조직의 안전망을 구축하는 첫걸음이다. 보고는 단순한 과정이 아니라, 현장에 없어도 현장에 있는 것처럼 지시할 수 있는 유일한 방법이라고 생각해야 한다.

모든 것을
알고 시작하면 늦다

나는 아웃소싱 사업을 하면서 알루미늄 공장을 인수했다. 사람들은 내게 전혀 다른 업종의 두 사업을 어떻게 동시에 운영할 수 있냐고 묻는다. 나는 처음 알루미늄 표면처리 공장을 인수했을 때 솔직히 공정이 어떻게 돌아가는지 전혀 몰랐다. 알루미늄은 전기를 받아 표면이 단단해지고, 산과 약품을 섞어야 원하는 결과가 나온다는 정도만 알았다. 그런데 그걸 다 배울 필요가 있을까? 나는 사업을 운영하려고 들어왔지, 현장에서 기술자가 되려고 한 게 아니었다.

사업을 키우려면 모든 걸 다 알아야 한다고들 말한다. 하지만 그건 반은 맞고, 반은 틀렸다. 내가 집중한 건 공정을 관리할 수 있는 체계를 만드는 것이었다. 공장이 돌아가는 원리는 기본적으로 이해했지만, 모든 기술적 세부 사항을 알 필요는 없었다. 그 대신, 중요한 순간에 문제를 파악하고 대응할 수 있는 사람을 찾아냈다. 이게 사업을 운영하는 핵심이다.

처음부터 공장의 모든 기술을 습득하려고 했다면 사업은 시작도 못 했을 거다. 현장에서 발생하는 문제들은 전문가가 해결하게 두고, 나는 전체적인 운영과 수익성을 관리했다. 공정이 몇 단계로 나뉘고, 몇 시간이 걸리며, 어떤 자원이 필요한지는 대략 알아야 한다. 그래야만 비용과 인력 투입을 계산할 수 있기 때문이다. 인력을 관리할 때 가장 중요한 건 공기를 계산하는 능력이다. 만약 도면을 보고 대략 몇 명이 필요하고 몇 시간 내에 끝날지를 계산할 수 없다면, 사업가는 현장에서 끌려다니게 된다. 예전에 한 프로젝트에서 예상보다 인력이 두 배로 투입된 적이 있었다. 계산이 틀렸으면 손해를 볼 뻔했지만, 다행히 빠르게 수정해 공정을 정상화했다.

사업을 운영하다 보면 예기치 못한 문제들이 항상 생긴다. 그럴 때 자존심을 세우지 않는다. 모르면 바로 전문가에게 전화한다. "이거 어떻게 해야 합니까?"라고 물어보는 데 부끄러울 이유가 없다. 하루에 수백만 원이 들어가는 공정을 잘못 판단해 손해를 보는 게 더 바보 같은 짓이다. 사업 확장에서 가장 중요한 건 문제 해결을 위한 네트워크다. 업계의 기술자들과 좋은 관계를 유지하고, 필요할 때 빠르게 조언을 얻을 수 있는 환경을 만들어야 한다. 예전에 큰 계약을 따냈을 때, 예상치 못한 문제로 공정이 멈췄다. 즉각적으로 여러 전문가에게 전화를 돌려 해결책을 찾았고, 마감 기한을 맞출 수 있었다.

사업을 운영하며 터득한 중요한 원칙 중 하나는 '모든 걸 직접 할 필요 없다'는 것이다. 전문가를 믿고 맡기면서도, 주요 상황은 통제할 수 있어야 한다. 공장의 운영 상태와 공정 흐름을 이해하면 불필요한 비용과 시간을 줄일 수 있다. 사업가는 현장의 세부 기술을 모두 알 필요는 없지만, 전체적인 운영 관리를 놓쳐서는 안 된다. 예전에 한 번은 공장의 주요 기계가 고장 나서 생산이 중단된 적이 있었다. 나는 문제를 해결할 수 있는 모든 전문가를 동원했고, 그 과정에서 몰랐던 기술적 세부 사항들을 빠르게 배웠다. 이 경험은 공정을 더 깊이 이해하게 만들었고, 비슷한 문제가 생겼을 때 더 신속하게 대응할 수 있는 자신감을 줬다.

사업은 끊임없이 변화하는 환경 속에서 빠른 의사결정을 요구한다. 모든 문제를 미리 예측할 수 없기 때문에 중요한 건 문제가 발생했을 때 빠르게 대처하는 능력이다. 사람들은 자주 '모르면 창피하다'고 생각하지만, 나는 다르게 본다. 모르는 건 부끄러운 게 아니라, 물어보지 않는 게 문제다. 물어보는 순간에는 잠시 '쪽팔린다'고 생각이야 들겠지만, 그것 때문에 몇억, 몇십억의 손실을 막을 수 있다면 '쪽팔린 것' 따위는 조금도 중요한 문제가 아닐 것이다.

업계를 잘 아는 사람들과 신뢰를 쌓는 것도 중요하다. 몇 년 전, 신규 공장을 세울 때 예상치 못한 인허가 문제가 발생했을 때도, 공무원과 전문가들에게 끊임없이 연락하고 조언을 받아 결국 문제를 해결했다. 그때 깨달았다. 사업가는 기술을 배워야 할 때도 있지만, 그보다 더 중요한 건 필요한 정보를 끌어올 수 있는 네트워크가 더 중요하다. 만약 그분들에게 물어봤을 때, 내 평판이 좋지 않거나 신뢰가 부족한 사람이라는 인식이 있었다면, 나는 원하는 정보를 얻지 못했을 수도 있다. 하지만 평소에 도움을 지속적으로 줬던 분들이기 때문에, 부끄러움을 무릅쓰고 도움을 청했을 때 기꺼이 도움을 받을 수 있었다. 내가 인허가 문제의 전문가가 아니라도, 문제를 해결할 수 있는 사람이 주변에 있는 것만으로 문제 해결은 가능하다.

결국 사업가는 모든 걸 알 필요가 없다. 하지만 무엇이 중요한지는 분명히 알아야 한다. 핵심은 '공정을 이해하고 관리하는 능력'이다. 기술자가 아니라 운영자로서 현장을 통제하고 전문가들을 관리하는 것이 나의 역할이다. 공장이 잘 돌아가고 수익이 나오면 그것으로 충분하다. 그렇게 사업을 키우는 거다.

소송에
항상 대비하라

사업을 하다 보면 소송은 항상 있을 수밖에 없다. 사업 초기에는 소송이란 남의 일이라고 생각했다. 하지만 몇 차례 억울하게 소송을 겪으며 뼈저리게 배운 교훈이 있다. 사업에서 소송은 피할 수 없는 리스크다. 중요한 건 이를 어떻게 대처하고 최소화하느냐이다.

앞 장에서 이야기한 것처럼, 처음 소송에 휘말렸던 건 한 건설사 프로젝트 때문이었다. 나는 단순히 물건을 납품하고 현장을 떠난 상태였다. 시공은 다른 회사가 맡았다. 그런데 시공사에서 큰 사고가 발생했고, 나는 사건의 참고인 정도로 생각했다. '잘못한 게 없는데 무슨 일이 있겠어?'라는 안일한 생각이 문제였다. 그 당시 소송을 겪어 본 적도 없는 터라,

문제가 법적으로 커질 거라고는 상상도 못 한 것이다. 하지만 자본주의는 냉정하다. 건설사가 모든 관련자를 한데 묶어 공동 책임을 물으면서 소송에 휘말렸다. 물건 납품 증빙으로 확인서를 써 달라는 요청이 있었는데, 나는 그저 도와주겠다는 마음으로 확인서를 써 준 게 문제였다. 법정에서는 그 확인서 한 장이 내가 사고에 관여한 주요 증거가 되었다.

당시에는 법적 책임의 무게를 전혀 이해하지 못했다. 법적 문서 하나가 내 사업과 개인 삶을 어떻게 뒤흔들 수 있는지 알지 못했다. 6년 반 동안 이어진 소송은 내 일상을 송두리째 바꿔 놓았다. 매달 수차례 법원에 출석하고, 병원 기록을 확인하며 진을 뺐다. 결국 재판은 나에게 수억 원의 배상 판결로 마무리됐다. 소송이 끝났을 때는 이미 사업의 기반이 크게 흔들렸다. 가진 자산을 모두 처분하고도 빚을 갚지 못할 정도였으니, 소송이 얼마나 큰 리스크인지 충분한 설명이 됐으리라 생각한다.

'소송이 언제든 있을 수 있다'는 생각만 하면서 사업을 하더라도, 이런 상황까지 가지 않을 수 있다. 그리고 만약 소송까지 가게 되더라도, 적절한 변호사를 선임하면 승소할 확률이 높아진다. 소송 초기에는 '내가 잘못한 게 없으니 굳이 변호사를 고용할 필요 없다'라고 생각했다. 그리고 서면을 직접 준비하면서 소송에 임했다. 하지만 그 판단이 나의 가장 큰 실수였다. 상대 측은 이미 업계 최고의 변호사를 고용해 치밀한 전략을 세우고 있었다. 변호사는 그저 법적 조언을 주는 사람이 아니다. 소송 과정의 모든 절차와 전략을 관리하고, 판결 결과를 바꿀 수 있는 사람이다. 특히 특정 업종에 특화된 변호사를 고용하는 것이 중요하다. 소송은 기술적 사안을 다루는 경우가 많기 때문에 관련 경험이 풍부한 변호사를 찾아야 한다.

소송이 길어지면서 지역 법원 특성을 고려하는 것도 필수적임을 깨달았다. 소송이 진행되는 지역 법원을 잘 아는 변호사를 선임하는 것이 유리하다. 판결은 법적으로만 결정되는 게 아니라, 사람 간의 네트워크와 판사의 성향 등 다양한 요소가 작용하기 때문이다. 사업가는 사업 성장만큼 리스크 관리에도 철저해야 한다. 특히 소송은 사업에 있어 언제 터질지 모르는 지뢰와 같다. 거래처와 계약을 체결할 때마다 문서의 작은 조항 하나까지 꼼꼼히 확인하고, 어떤 상황에서도 감정적으로 대응하지 않아야 한다. 사업에서는 순간의 판단 실수가 몇 년간의 법적 분쟁으로 이어질 수 있다.

돈 문제로 인한 소송도 빈번하게 발생한다. 거래처가 부도 나거나 자살이라도 하면 대금을 받을 길이 사라진다. 이런 경우를 대비해 거래처 신용 보험에 가입하는 것도 좋은 대책이다. 보험을 통해 최소한의 손실을 보전받을 수 있기 때문이다. 특히 계약 상대방의 신용 상태를 지속적으로 점검하는 것도 중요하다. 작은 의심 하나가 큰 손실을 막을 수도 있다.

사업은 단순한 수익 창출이 아니라 끊임없는 리스크 관리의 연속이다. 계약서 하나, 문서 한 장이 사업 전체를 뒤흔들 수 있다. 재판정에서는 도의적 판단이 아니라 법적 증거만이 작용한다. 사업가에게 가장 중요한 자산은 '철저한 준비'와 '정확한 판단력'이다. 때로는 예상치 못한 변수로 인해 소송에 휘말릴 수 있지만, 그 위험을 최소화하려면 철저한 문서 관리와 신속한 대응이 필수적이다.

나는 이 모든 경험을 통해 뼈저리게 배웠다. 소송은 피할 수 없지만, 관리할 수는 있다. 문제를 미리 예방하고, 불가피한 소송에는 철저히 대비하는 것이 사업가로서의 책임이다.

이제는 '소송'이라는 단어가 두렵지 않다. 준비하면, 내가 겪었던 것처럼 치명적이지 않을 수 있다는 것을 이제 알기 때문이다.

'정'에
이끌리지 마라

내 사업이 망가질 때마다, 나는 '정'에 이끌렸다. 사업은 철두철미하게 계약된 내용으로만 해야 한다. 머리로 그것을 누구보다 잘 안다. 하지만 사람이 눈앞에 있다 보면, 언제나 인간적인 감정이 앞섰다. 앞서 언급한 내 인생의 가장 고통스러운 일이었던 6년간의 소송도 '정'에서 시작했다. 당시 시공사 대표가 병원에 실려 갔을 때, 병원비가 필요하다고 하기에 내 신용카드로 수백만 원을 대신 결제했다. 일단 다친 것을 치료하는 게 먼저이니 조금도 아깝게 느껴지진 않았다. 가족을 병원에 데려다 주고, 문서를 작성해 달라는 요청도 거절하지 않았다. 하지만 시간이 지나면서 상황이 이상하게 흘러갔다.

법적 조사 과정에서 도의적 책임을 넘어서 공식 책임자로 끌려 들어간 것이다. 처음에는 단순 참고인으로 불려가는 정도라고 생각했지만, 조사 대상자 명단에 내 이름이 올라갔다. '사고와 상관이 없다'라고 수없이 주장했지만, 이미 문서와 증거로 얽힌 상황이었다. 결국 몇 년간 소송이 시작돼버린 것이다. 사업은 흔들린 것보다 개인적으로도 '사람'에게 큰 상처를 받았다. 내 잘못이 아니라는 것을 입증하려 했지만, 법적 책임에서 벗어나기는 쉽지 않았다. 그때 느꼈다. 사업에서는 감정적 결정이 결코 도움이 되지 않는다는 사실을.

사업은 이성적 판단과 전략적 사고가 기본이다. 인간적인 도리를 지키려던 내 행동이 법적 책임으로 돌아올 줄은 몰랐다. 그 일이 있고 난 후 어떤 상황에서도 사업적 경계를 분명히 하기 시작했다. 감정적으로 연루되지 않고, 사업적 관계와 개인적 관계를 철저히 분리했다. 또 사람을 관리하는 방식도 바꾸었다. 믿을 수 있는 사람을 선별해 중요한 자리에 배치하고, 보고 체계를 강화했다. 항상 '어떤 일이 생기면 즉각 연락이 오게' 하는 구조를 만든 것도 이런 인간적 '상처' 덕분이긴 하다.

사업이 커지면 다양한 프로젝트를 동시에 관리해야 할 때가 많다. 나는 사업의 운영을 효율적으로 하기 위해 사람 배치에 힘을 썼다. 일 잘하는 사람들을 적재적소에 배치하고, '숨은 관리자'들을 배치하여 현장 상황을 보고 받는 것을 중요하게 생각했다. 그리고 사람들에게 금전적 보상만이 아니라 인정과 존중이었다. 임금 외에도 고마움을 표현하는 방식으로 일정 금액을 더 얹어 주곤 했다. 물론 이게 너무 잦아지면 당연하게 생각하는 경향이 있어서 조심스럽긴 했지만, 그래도 고마움을 표현했다.

　중요한 프로젝트에서 일하는 사람에게는 특별한 날에 성과급이 아닌 현금 봉투를 직접 전달했다. 그것도 대충이 아니라, 예쁜 봉투에 정성을 담아 주었다. 그들에게 '이번 달 고생 많았다'는 한 마디를 건네며, 신경 쓰고 있다는 것을 알리기 위해 노력했다. 이런 방식으로 사람들과 관계를 맺다 보면, 오히려 '정'으로 얽혔을 때보다 관계가 더 돈독해진다. '돈'을 벌기 위해 모인 관계지만, 그 안에서 서로 존중하며 공생하는 과정에서 관계가 더욱 공고해지기 때문이다.

　이제 사업에서 정에 끌리지 않는다. 사람을 도울 수 있는 상황과 사업적 결정을 명확히 구분한다. 감정은 인간 관계에서 소중하지만, 사업에서는 철저히 관리되어야 할 요소다. 감정적 결정을 줄이고, 냉철한 판단을 강화하는 것이 결국 사업을 오래 지속하는 길임을 배웠다.

사업가와 사기꾼은
한 끗 차이다

사업을 운영하다 보면, 수많은 계약과 약속이 얽히고설킨다. 돈이 오가는 상황에서는 언제든 문제가 발생할 수 있다. 거래처가 부도가 나거나 예기치 못한 상황이 벌어지면, 사업가는 가장 먼저 책임을 질 수밖에 없다. 그 책임을 회피하면 즉시 '사기꾼'으로 낙인찍힌다. 반대로 문제 해결을 위해 적극적으로 나서고, 대안을 제시하며 노력하면 '신뢰받는 사업가'가 될 수 있다.

'책임'은 단순히 계약서 상의 의무나 금전적 배상만을 의미하지 않는다. 인간관계에서 발생하는 감정적, 도의적 책임까지 포함된다. 이는 사업을 크게 흔들 수 있는 위험 요소가 되기도 한다. 한번은 친분이 있던 사람이 어려운 사정을 호소

하며 급하게 돈을 빌려달라고 요청했다. 그분을 오래 알고 지냈고, 신뢰가 쌓여 있었기에 망설임 없이 돈을 빌려주었다. 하지만 그 일이 화근이 되었다. 그는 여러 사람에게 돈을 빌리고도 이를 갚지 않았고, 결국 사기 사건으로 번졌다. 나 역시 금전적 손해는 물론이고 인간적 배신감까지 들었다.

당시 나를 더 괴롭힌 건 돈이 아니라 책임감이었다. 빌려준 돈은 내 의지로 결정한 일이었지만, 그가 다른 사람들에게도 피해를 주면서 내 이름이 언급된 것이다. '당신이 보증한 사람이라 믿고 돈을 빌려줬다'는 말이 돌아왔고, 의도치 않게 도의적 책임까지 져야 했다. 억울함은 이루 말할 수 없었지만, 이 상황을 받아들이기로 했다. 사업을 한다는 것은 이런 말도 안 되는 리스크까지 감안해야 한다는, '책임감'의 진짜 의미에 대해서 되새기려고 노력했다.

책임을 회피하는 것은 일시적인 도피일 뿐이다. 어려운 상황 속에서도 책임을 다하려고 노력했다. 빌려준 돈을 돌려받지 못하더라도, 신뢰를 저버린 사람처럼 행동하고 싶지는 않았다. 이 과정에서 나 자신과의 약속이 생겼다. "사업가로서 최소한의 책임은 지키자." 이는 단순한 도덕적 결단이 아니라, 사업의 지속 가능성을 위한 필수 조건이었다.

책임을 회피한 사업가의 말로는 처참하다. 이는 영화나 드라마 속 이야기가 아니라 실제 사업 세계에서 빈번히 일어나는 일이다. 이를 반면교사 삼아 어떠한 상황에서도 문제 해결을 위한 '행동'을 택하기로 마음먹었다. 거래처와의 문제든, 금전적 갈등이든 직접 찾아가 상황을 설명하고 양해를 구하며 해결 방안을 제시했다.

사업 초기에 거래처의 부도로 인해 우리 회사로 대금 결제가 이루어지지 않았던 적이 있다. 그 여파로 내 공급업체에 지불해야 할 돈이 막히게 되었다. 처음에는 회피하고 싶은 마음이 강했다. 하지만 결정을 내려야 했다. 직접 거래처와 협상하고 공급업체를 설득해 대금 지급을 유예받았다. 이 과정은 힘들고 스트레스가 극심했지만, 책임을 다하겠다는 의지는 결국 훗날 매출의 기반이 될 '신뢰'로 돌아왔다.

물론 이 모든 노력이 항상 성공으로 이어진 것은 아니다. 때로는 상대방의 이해 부족으로 더 큰 갈등으로 번지기도 했다. 하지만 책임을 다하려는 태도는 결국 나를 사업가로서 더 강하게 만들었다. 사업의 본질은 문제 해결의 연속이다.

책임을 회피하면 문제는 커지지만, 직면하면 해결의 실마리를 찾을 수 있다. 가장 경계하는 것은 책임을 지지 않으려는 태도다. 사업이 힘들어지고 상황이 악화될수록 책임을 지려는 의지가 흔들릴 수 있다. 하지만 그 순간이야말로 사업가로서의 진짜 역량이 드러나는 순간이다. 끝까지 문제 해결을 위해 노력하는 사람만이 사업 세계에서 살아남는다.

책임을 다한다는 것은 단순히 법적 의무를 지키는 것을 넘어선다. 인간적인 신뢰, 상호 존중, 도덕적 원칙이 모두 포함된다. 사업에서 책임을 다하는 것은 스스로의 가치와 사업의 지속 가능성을 동시에 지키는 일이다. 그 어떤 역경이 닥쳐도, 이 원칙을 놓치지 않으려 한다. 사업가로서의 책임감은 나의 정체성이자, 성공을 위한 필수 조건이기 때문이다.

어떤 사람들은 책임을 회피하는 것이 더 쉽고 편하다고 생각한다. 하지만 그것은 결국 더 큰 문제를 초래할 뿐이다. 사업가는 신뢰와 명성을 자산으로 삼는다. 신뢰는 한 번 잃으면 되찾기 어렵고, 책임을 다하지 않으면 명성은 무너진다. 사업의 성공은 결국 책임을 다하는 사업가의 의지와 행동에서 비롯된다. 이 원칙은 나에게 사업의 중심축이자 변하지 않는 기준으로 남아 있다.

'사업 = 일'이
아니다

　사업과 일은 흔히 같은 의미로 혼동되곤 한다. 많은 사람들은 돈을 벌기 위해 무엇이든 하면 그것이 곧 사업이라고 생각한다. 하지만 사업과 일은 본질적으로 다르다. 일은 특정 작업을 수행하는 행위를 의미하지만, 사업은 그 일을 조직하고 관리하며 지속 가능하게 만드는 구조적인 체계를 뜻한다.

　대표적으로 집을 짓는 과정을 생각해 보자. 집을 짓기 위해서는 여러 단계의 작업이 필요하다. 땅을 파는 일, 기초 공사를 하는 일, 골조를 세우는 일 등 모든 작업이 독립적으로 존재할 수 있다. 이러한 작업을 하나로 묶어 집을 완성하는 과정이 바로 사업이다. 개별 작업이 일이라면, 이를 묶어 결과물을 만들어 내는 체계가 사업인 것이다.

사업을 정의하는 핵심 요소는 바로 '구조화'다. 개별적인 일을 하나의 체계로 조직하고, 각 작업의 흐름을 관리하며, 필요 시 외부 자원을 활용하는 능력, 이것이 사업을 사업답게 만드는 요소다. 만약 모든 일을 스스로 해야 한다면 그것은 사업이 아니라 노동이다. 이를테면 작은 식당을 운영하면서 요리를 하고, 손님을 응대하고, 회계까지 모두 스스로 해결한다면 그것은 사업이라기보다 '장사'에 가깝다.

사업가는 이와 달리 구조를 만든다. 필요한 자원을 적재적소에 배치하고, 일이 원활히 돌아가도록 관리한다. 사람을 고용하고, 시스템을 운영하며, 전략적으로 일을 분배해 수익을 극대화하는 것이 사업의 본질이다. 사업가는 하나의 큰 그림을 그리는 화가와 같다. 도화지 위에 점 하나를 찍는 것은 일이지만, 여러 점을 찍어 그림을 완성하는 것은 사업이다.

이러한 차이를 이해하지 못하면 사업은 시작부터 어려워진다. 사업을 한다는 것은 본질적으로 일을 '조직화'하고 '관리'하는 것이다. 이를 통해 업무의 효율성을 극대화하고, 지속 가능한 수익 구조를 만들어 내야 한다.

또한, 사업을 운영한다는 것은 책임을 진다는 의미이기도 하다. 사업은 단순히 일을 수행하는 것을 넘어 결과에 대한 책임을 지는 구조로 이루어져 있다. 책임감 없는 사업은 결코 오래갈 수 없다. 고객에게 서비스를 제공하고, 거래처와의 계약을 이행하며, 직원들의 생계를 보장하는 책임이 모두 사업가에게 있다. 이를 회피하는 순간 사업은 곧 무너지게 된다.

실패와 역경은 곧 사업의 일부다. 사업가는 문제를 해결하고 상황을 개선하며 끊임없이 도전하는 사람이다. 사업을 하다 보면 수많은 어려움에 직면하게 된다. 하지만 문제를 외면하지 않고 정면으로 맞서는 자세가 사업의 핵심 역량이다.

예컨대, 거래처가 부도를 내거나 예상치 못한 사고가 발생할 수 있다. 이런 상황에서 사업가는 두 가지 선택지를 마주하게 된다. 도망가거나, 해결하거나. 도망가면 사업은 끝이지만, 해결하기 위해 노력하면 기회는 남는다. 이것이 사업과 일의 또 다른 차이다. 일을 하는 사람은 문제가 생기면 고용주나 관리자에게 책임을 미룰 수 있다. 하지만 사업가는 그럴 수 없다. 모든 책임이 사업가에게 돌아가기 때문이다.

사업과 일의 차이는 단순히 일의 크기나 형태에서만 드러나지 않는다. 그 차이는 태도와 관점에서 비롯된다. 일은 현재 눈앞의 과제를 해결하는 데 초점이 맞춰져 있다면, 사업은 미래를 계획하고 결과를 예측하며 전체적인 시스템을 운영하는 데 중점을 둔다. 사업가는 끊임없이 문제를 예상하고 대비하며, 발생한 문제를 해결하는 과정에서 성장한다.

사업을 한다는 것은 결국 하나의 '구조'를 만드는 것이다. 이 구조는 단순히 수익을 창출하는 시스템을 넘어, 책임을 지고 문제를 해결하는 역량을 포함한다. 사업가는 리더이자 문제 해결사이며, 동시에 책임의 중심에 서 있는 존재다. 결국, 사업과 일은 본질적으로 다르다. 일이란 특정한 작업을 수행하는 것이지만, 사업은 그 일을 조직화하고 관리하여 지속 가능한 성과를 내는 체계다. 사업가는 일의 수행자이면서 동시에 전체 시스템을 설계하고 운영하는 전략가다. 이 차이를 명확히 이해하는 것, 그것이 진정한 사업의 시작이다.

아이템은
'나'로부터 확장하라

사업 아이템을 고르는 일은 단순한 선택이 아니다. 이는 사업의 성패를 결정짓는 중요한 출발점이다. 많은 사람들이 좋은 아이템이 성공을 보장할 것이라고 생각하지만, 현실은 그렇지 않다. 사업가는 단순히 '괜찮아 보이는 것'이 아니라 '팔 수 있는 것'을 선택한다. 이 차이를 이해하지 못하면 시작부터 길을 잘못 들기 쉽다.

사업 아이템을 선택할 때 가장 먼저 고려해야 할 것은 '내가 가진 자원과의 연결성'이다. 사업은 고립된 섬에서 시작되지 않는다. 이미 보유하고 있는 인적, 물적 자원을 최대한 활용할 수 있는 아이템이어야 경쟁력을 갖출 수 있다. 예를 들어, 건설회사와 꾸준히 거래해 온 사람이 단열재 사업을 제안받았다면 그는 자연스럽게 이 사업이 돈이 될지 판단할 수 있다. 왜냐하면 이미 관련된 거래처와 시장의 수요를 충분히 이해하고 있기 때문이다.

사업 아이템이 매력적으로 보이더라도 자신의 네트워크와 연결될 수 있는지를 반드시 검토해야 한다. 내가 아웃소싱 사업과 제조업 공장을 동시에 운영할 수 있었던 것도, '공장'이라는 공통적인 키워드가 있었기 때문이다. 사람을 공장에 넣다 보니 공장에서 필요한 것이 무엇인지 파악할 시간이 충분했고 인적 네트워크도 충분했기 때문에, 제조업을 시작할 때부터 이미 절반은 먹고 들어간 셈이었다. 아이템이 아무리 혁신적이고 수익성이 높아 보여도, 시장에 진입할 수 있는 통로가 없다면 헛수고일 뿐이다. 기존 인프라와의 연계 가능성이 사업의 첫 번째 기준이 되는 이유다.

두 번째 기준은 '수요의 명확성'이다. 사업 아이템은 필연적으로 고객의 문제를 해결해야 한다. 그 문제 해결의 대가로 돈을 받는 것이 사업의 본질이다. 따라서 고객이 실제로 필요로 하는지를 명확히 파악해야 한다. 용역 사업과 플랜트 사업을 진행할 때, 내가 본 것은 수요 대비 공급의 부족이었다. 이런 왜곡된 시장이라면, 조금의 공급만으로도 가치 창출이 가능하다는 것을 본능적으로 알았다. 시장 조사까지 갈 필요도 없다. 현장에서 계속 머무는 습관을 갖다 보면, 그 수요가 지속 가능한지도 파악할 수 있다.

세 번째는 '초기 거래의 가능성'이다. 사업을 시작할 때 가장 어려운 단계는 첫 거래를 성사시키는 것이다. 스타트를 끊기 가장 좋은 방법은, 사업을 동시에 진행하는 것이다. 이렇게 하면 하나의 계약이 성사되지 않더라도 부담이 덜 하다. 다른 산업이 뒤를 봐주고 있기 때문이다. 그런데 완전히 접고 새로운 일을 시작할 때는, 세일즈에 엄청난 에너지를 쏟아야 한다. 특히 아직 실력이 검증되지 않은 업종에서 새롭게 시작한다면, 단가를 조금 낮추더라도 일단 거래를 한번 성사시키는 게 중요하다. 한번은 어렵지만, 그 이후는 난이도가 확 낮아진다.

언제나 사업 아이템을 고를 때 '돈'을 기준으로 판단했지만, 가끔은 돈 이상의 것을 고려해야 한다. 수익성은 필수 조건이지만, 지속 가능성과 사업 확장 가능성도 검토해야 한다. 빌라 분양, 여행사 등 장기적 관점으로 검토하지 않은 사업들이 나를 곤경에 빠뜨리곤 했다. 이제 수익성이 높아도 시장이 협소하거나 확장이 불가능하다면, 그 사업을 과감하게 포기하는 습관도 생겼다.

마지막으로 '위험 관리 가능성'을 점검해야 한다. 모든 사업에는 리스크가 따른다. 아이템이 아무리 매력적이어도 관리할 수 없는 리스크를 안고 있다면 사업은 오래가지 못한다. 원자재 가격 변동, 공급망의 불안정성, 규제 변화 등 예측 가능한 리스크는 물론, 예상치 못한 변수에도 대처할 수 있는 준비가 필요하다. 물론 코로나처럼 갑작스럽게 나타나는 사건에 모두 대응할 수 있는 것은 아니다. 하지만 청사진만 생각하고 사업을 시작하면 금방 끝날 위험이 존재하기 때문에, 최악의 시나리오까지 검토한 후 사업에 발을 들이는 습관을 꼭 들여야 한다.

사업 아이템을 고르는 과정은 단순한 선택이 아니다. 이는 자신이 가진 자원과 시장의 요구, 초기 진입 가능성, 판매 역량, 수익성, 리스크 관리 능력을 총체적으로 검토하는 전략적 결정이다. 이러한 기준을 갖고 선택한 사업 아이템은 단순히 '좋아 보이는 아이템'이 아니라, 사업 성공을 위한 확실한 발판이 될 것이다.

사람을 다루는 능력이
최고의 능력이다

사람을 관리하는 일은 생각보다 복잡하다. 월급만 주면 움직일 거라고 믿는 사람도 있지만, 세상은 그렇게 단순하지 않다. 돈만으로 사람을 붙잡는 건 마치 바닷물로 불을 끄려는 것과 같다. 월급은 기본일 뿐이다. 사람은 마음이 움직일 때 비로소 몸도 움직인다. 사업가는 사람의 '마음'을 움직일 줄 알아야 한다. 돈이 아니라 '가치'를 만들어야 사람은 남는다.

처음 사업을 시작했을 때는 몰랐다. 사람을 뽑고, 월급을 주면 끝인 줄 알았다. 하지만 세상은 내 착각을 가차 없이 깨뜨렸다. 사람이란 생각보다 복잡하고, 때로는 예측할 수 없는 존재였다. 단순히 일을 잘한다고 데려왔던 사람들은 얼마 지나지 않아 떠났다. 내겐 그들이 왜 떠나는지를 돌아볼 여유조차 없었다.

한번은 정말 실력 있는 직원을 붙잡고 싶어 월급을 두 배로 올려줬다. 하지만 그는 3개월도 못 채우고 회사를 떠났다. 그때 깨달았다. 돈은 사람을 붙잡는 '도구'일 뿐 '해결책'은 아니었다. 문제는 돈이 아니라 '존재감'이었다. 직원은 자신이 이 회사에서 중요한 존재로 인정받고 있다고 느껴야 남는다. 회사의 부품이 아니라 '내 일'을 하고 있다고 생각해야 발목이 잡힌다.

돈으로 사람을 관리할 수 있다고 믿는 사업가는 오래가지 못한다. 돈은 처음에는 강력하지만, 시간이 지나면 '당연한 것'이 된다. 월급은 그저 익숙해진 숫자가 되고, 사람은 그 익숙함 속에서 불만을 찾기 시작한다. 사업가는 그 익숙함의 틈을 메울 줄 알아야 한다.

나는 사람의 마음을 관리하는 가장 확실한 방법이 '예상치 못한 보상'임을 알게 되었다. 매달 받는 월급은 아무런 감흥을 주지 못한다. 하지만 뜬금없이 날아온 보너스는 다르다. 성과가 좋았던 프로젝트가 끝났을 때, 중요한 계약이 성사됐을 때, 결혼기념일이나 자녀 졸업 같은 개인적 사건이 있을 때 건네는 작은 봉투 하나는 강력한 메시지를 보낸다.

"너는 회사에서 중요한 사람이야."

그 메시지를 전달하는 순간 사람은 자신의 위치를 새롭게 인식한다. 회사는 더 이상 월급만 받는 곳이 아니라, 자신의 노력이 존중받고 의미 있는 곳으로 변한다. 이런 작은 '예상치 못한 순간'을 통해 사람들을 붙잡았다.

하지만 사람은 돈만으로 움직이지 않는다. 때로는 따뜻한 말 한마디가 더 큰 효과를 발휘한다. 내가 진심으로 건넨 '고생 많았다. 가족들과 맛있는 거 사 먹어라.'라는 말 한마디가 봉투 속 금액보다 더 강력한 힘을 발휘한 적이 많았다. 사업가는 사람의 마음을 계산된 방식으로 관리해야 한다. 여기서 '계산'이란 속임수가 아니라 전략적 접근을 의미한다.

사업을 하며 '사람이 문제'라는 말을 수도 없이 듣는데, 회사의 대표가 충분히 다룰 수 있는 영역이다. 하지만 사람을 '잘 다루고 싶다'는 의지가 없다면, 영원히 사람 문제는 해결되지 않을 것이다. 사람들이 모여있으면, 문제가 생기는 건

당연한 일이다. 이 사실을 가슴 깊이 받아들이고, 작은 인간 사회인 회사 속에서 벌어지는 문제들을 해결하려는 마음 위에서 모든 것이 출발한다.

사람을 잘 다루는 최고의 방법은 '밝은 미래'를 공유하는 것이다. 사람은 자신의 미래가 보이지 않으면 떠난다. 돈이 아니라 '비전'이 필요하다. 직원들은 사업가의 꿈을 공유할 수 있어야 한다. 그 꿈이 '자신의 꿈'처럼 느껴져야 남는다. 비전을 제시한다는 건 '앞으로 가야 할 길'을 함께 그리는 일이다. 사람에게 비전을 전달하는 건 끊임없는 반복과 설득의 과정이다. 사업가는 자신의 꿈을 쉬지 않고 말해야 한다. "우리 회사는 이런 방향으로 나아갈 거야. 그때 너는 이런 위치에 있을 거야." 이 말이 거짓말이 아니라 '현실의 가능성'으로 느껴질 때 사람은 그 꿈을 쫓아온다.

사람을 관리할 때, 대표는 '책임지는 사람'의 포지션을 맡는다. 대표는 직원의 성과만 요구해서는 안 된다. 그들의 실패와 실수까지 책임져야 한다. 회사의 문제가 직원 개개인의 문제로 남으면, 직원은 회사를 떠날 준비를 시작한다. 아무리 열심히 일해도 나를 알아주지 않는다고 생각하기 때문이다. 사업가는 문제가 발생했을 때 '모든 책임은 내가 진다'는 생각으로 접근해야 한다. 그러면 직원들은 회사를 위해, 대표를 위해 일하기 시작한다.

사업은 결국 '사람 장사'다. 사람을 잘 쓴다는 건 단순한 관리가 아니다. 그것은 관계를 형성하는 일이고, 그 관계는 사업의 기반이 된다. 사업가는 끊임없이 사람에게 신경을 써야 한다. 신경을 쓰지 않으면 결국 사업은 무너진다. 사업의 성패는 결국 사람의 마음을 어떻게 움직이느냐에 달려 있다. 나는 이제야 그 사실을 알았다. 사람을 움직이는 건 돈이 아니라 '가치'다. 돈으로는 마음을 잠시 묶어 둘 수는 있어도, 영원히 붙잡을 수는 없다. 사업가는 그 가치를 만드는 사람이 되어야 한다. 그래야 사업이 산다.

4부

시작하는 사업가들을
위한 조언

사업의 실패는 겪을 필요가 없다.

세금 통장은
따로 만들어라

사업을 처음 시작하면 세금은 항상 뒷전으로 밀린다. 우선 세금의 무서움을 모르고 당장 돈을 벌어야 하는데 세금까지 생각할 여유는 없다. 그래서 나중에 한꺼번에 해결하려고 한다. 세금 신고 시기가 오면 어떻게든 맞춰 보려는 생각으로 자료를 뒤지고, 급하게 돈을 맞춘다. 하지만 이 방식은 처음에나 가능하다. 매출이 몇천만 원 단위일 때는 운이 좋아서 넘어갈 수 있다. 하지만 매출이 10억 단위를 넘어서면 문제는 다르게 돌아간다. 개인사업자 같은 경우 돈을 개인통장으로 받는 경우가 많다. 그렇게 들어 온 돈을 보면 액수만 보이게 되고 결국 전부 내 돈처럼 느껴진다. 여기서 세금을 제대로 관리하지 않으면, 사업의 성장은커녕 오히려 발목이 잡히기 시작한다.

 돈이 통장에 들어온 순간, 우리는 착각에 빠진다. 통장에 찍힌 금액이 곧 내 수익이라고 믿는다. 하지만 사업을 하면서 들어오는 돈은 반드시 구분해야 한다. 매출은 수익이 아니다. 매출에는 세금이 포함되어 있다. 이 단순한 사실을 무시한 채 통장에 들어온 돈을 모두 내 돈이라고 착각하면, 머지않아 고통스러운 순간이 찾아온다. 특히 개인사업자 시기에 많이들 나타난다. 이런 경험을 수도 없이 봤다. 처음 사업을 시작한 사람들은 매출이 늘어나면 자신이 돈을 잘 번다고 믿는다. 통장 잔고가 늘어나는 걸 보며 기분이 좋아진다. 그리고 씀씀이도 커진다. 평소 보지 못했던 돈들이 유혹을 한다. 이 정도는 써도 되겠지 하는 마음이 생겨나기 시작한다. 그러다 세금을 신고하고 납부하는 시기가 다가오고, 예상치 못한 세금 청구서가 날아온다. 그 순간 비로소 깨닫는다. 통장에 찍힌 돈이 전부 내 돈이 아니었다는 것을.

 나는 사업 초기부터 세금 관리를 따로 했다. 처음에는 나도 통장 하나로 모든 돈을 관리했다. 매출이 들어오고, 생활비를 쓰고, 사업 비용도 지출했다. 그 통장에서 모든 것이 이루어졌다. 결과는 예상대로였다. 통장에 돈이 얼마나 남아 있는지 파악하기 어려웠다. 더 큰 문제는 세금을 낼 돈이 남아 있지 않았다는 것이다. 인건비를 주는 업이다 보니 부가세 자료는 존재하지 않았다. 돈이 한 통장으로 입금되고 그 액수만 보고 나니 부자가 된 듯한 느낌이 들었다. 그리고 지출이 커지기 시작했다. 그 후 문제는 발생했다. 매출의 10%는 부가세로 떼어야 하는데, 정작 그 돈을 어디서도 구할 수 없었다. 결국 돈을 빌려 세금을 냈다. 한번 시작된 악순환이 1년가량 반복되고 나서야 정상으로 돌아올 수 있었다.

그리고 결심했다. 세금 통장을 따로 만들자. 매출이 발생하면 처음부터 부가세에 해당하는 금액을 떼어놓고, 아예 손을 대지 않기로 했다. 내가 선택한 방식은 간단했다. 매출이 들어오는 주거래 통장에서 부가세 통장으로 자동이체를 설정했다. 매출의 10%를 무조건 떼어 두었다. 그렇게 한 달, 두 달이 지나고 부가세 신고 시기가 오자 처음으로 세금 걱정에서 벗어날 수 있었다. 세금을 내기 위해 돈을 빌릴 필요가 없었다. 부가세 통장에 이미 그 금액이 마련되어 있었기 때문이다.

이 경험은 내게 하나의 원칙을 만들어 주었다. 돈을 구분하라. 사업에 필요한 돈과 세금을 위한 돈, 그리고 내 개인적인 돈은 반드시 따로 관리해야 한다. 나는 개인 통장, 사업자 통장, 부가세 통장 이렇게 세 가지로 통장을 나누었다. 사업의 수익과 지출은 사업자 통장에서만 이루어졌다. 부가세는 아예 건드리지 않았다. 그리고 개인 생활비는 사업자 통장에서 절대 쓰지 않았다.

이 단순한 변화가 내 사업의 흐름을 완전히 바꿨다. 통장을 나눠 관리하기 시작하면서부터 나는 매출과 비용, 그리고 남은 돈을 명확히 파악할 수 있었다. 세금 걱정은 더 이상 내게 스트레스가 아니었다. 부가세 신고 시기에 통장을 열어 보면 필요한 금액이 그대로 있었다. 이 돈을 마련하기 위해 애쓰거나 다른 곳에서 빚을 낼 필요가 없었다.

문제는 나만의 경험이 아니다. 많은 사람들이 이 단순한 습관을 지키지 못해 고생한다. 나는 매출이 몇천만 원이 넘어가는 사업자를 종종 본다. 그들의 통장을 보면 모든 것이 섞여 있다. 매출이 들어오는 대로 그 돈을 사업 비용이나 개인적인 지출로 써 버린다. 결국은 돌려막기의 형태일 수밖에 없으니 부가세가 남아 있지 않는다. 세금 신고 시기가 되면 그들은 통장 잔고를 보며 고민한다. 그리고 결국 급하게 돈을 구하거나, 세금을 제때 납부하지 못한다.

더 심각한 문제는 돈의 흐름을 제대로 관리하지 못하면, 결국 세무조사라는 큰 장애물에 부딪히게 된다는 것이다. 특히 개인사업자가 매년 매출이 10억을 넘어가는 시점부터는 세무조사 가능성이 높아진다. 자료관리가 엉망인 상태에서 세무조사를 받게 되면, 사업 자체가 흔들릴 위험이 있다. 증빙 자료가 부족하거나, 개인 통장에서 사업 비용을 지출하는 식의 잘못된 관리가 드러나면 벌금과 추가 세금을 내야 할 수도 있다.

특히 개인사업자는 통장 입출금이 자유로워서 대부분이 편하게 돈을 넣고 빼고 사용을 하게 된다. 나중에 몇 년 치를 한번에 맞추려면 그때는 맞출 수가 없어지게 된다. 그때는 이미 늦는다. 그래서 일정 매출이 넘으면 법인전환을 하게 되는 이유중에 하나이다.

결국 세금을 따로 떼어놓고 관리하지 않으면, 세금 신고 시기가 다가올수록 사람은 초조해진다.

이런 과정을 수차례 겪으면서 결론을 내렸다. 세금은 내 돈이 아니다. 매출이 들어오면 세금을 떼어놓고, 그 돈을 없는 셈 쳐야 한다. 처음에는 아깝게 느껴질 것이다. 통장에 돈이 있는 것을 알면서도 손대지 못하는 일이 쉽지는 않다. 하지만 장기적으로 보면 이것만큼 사업의 안전을 보장해 주는 것도 없다.

사업 초기부터 지금까지 부가세와 소득세를 정확히 관리했다. 사업이 커지고 매출이 늘어나면서도 이 원칙은 변하지 않았다. 세금 관리를 철저히 하면서 느낀 가장 큰 교훈은 이것이다. 세금은 돈이 많고 적음을 떠나 반드시 책임져야 할 의무다. 이를 무시하면, 사업이 성장할수록 더 큰 대가를 치르게 된다.

통장을 나누고, 세금을 따로 떼어놓아라. 그리고 절대 그 돈을 내 돈이라고 착각하지 마라. 사업의 성공은 돈을 얼마나 벌었는지가 아니라, 벌어들인 돈을 얼마나 잘 관리했는지에 달려 있다. 세금 납부를 준비하지 않은 사업자는 언젠가 실패할 수밖에 없다. 통장을 나누는 간단한 습관이 당신의 사업을 살릴 것이다. 세금 통장은 따로 만들어라.

신념과 원칙을
먼저 세워라

사업을 시작하는 사람들에게 흔히 들을 수 있는 질문이 있다. "당신은 왜 이 사업을 시작했습니까?" 그 질문을 받을 때마다 머릿속이 복잡해진다. 사업을 시작한 이유를 말하는 건 쉽다. 돈을 벌기 위해서, 혹은 나만의 무언가를 만들어 보고 싶어서일 것이다. 하지만 그 이유가 '신념'인지, 아니면 단순한 욕망인지 분명하게 대답할 수 있는 사람은 드물다.

신념과 원칙이 없는 사업은 방향 없이 떠도는 배와 같다. 처음에는 바람이 부는 대로 가도 상관없다. 하지만 바람이 멈추거나 거센 파도가 밀려오면 어떻게 할 것인가? 어떤 방향으로 나아가야 할지 모른 채 그대로 표류하다 끝나 버릴 가능성이 크다. 사업을 한다는 것은 늘 선택과 결정을 요구

받는 길을 가는 것이다. 그런데 그 선택과 결정을 내릴 기준이 없다면 결국 남이 정해 준 방향으로 끌려다니거나 그저 상황에 휘둘리는 신세가 된다.

원칙과 신념은 경험에서 나온다. 사업 초기에 이걸 스스로 설정하기란 쉽지 않다. 처음부터 모든 것을 알 수 있는 사람은 없다. 실패와 좌절, 그리고 그로 인한 고통 속에서 우리는 비로소 자신만의 원칙과 신념을 찾아간다. 나도 그랬다. 사업 초기에는 그저 돈을 벌고 싶었다. 내가 하고 싶은 것과는 상관없이, 그저 돈을 더 빨리 벌 수 있는 방법만 찾았다. 그러나 일이 잘 풀릴 때는 좋았지만, 문제가 생길 때마다 휘청거렸다. 방향이 없으니 매번 불안했고, 가고 있는 길이 맞는지 스스로 확신하지 못했다.

그래서 나는 원칙을 세웠다. 처음에는 단순한 것부터 시작했다. 사람과 사업을 구분하자. 친한 친구가 사업 자금을 빌려달라고 하면 거절하자. 돈 문제로 얽힌 친구는 결국 친구가 아니게 된다는 사실을 몇 번의 실패 끝에 깨달았기 때문이다. 내 사업은 내 사업이고, 사람은 사람이다. 이를 구분하지 못하면 결국 사람도 잃고 사업도 잃게 된다.

원칙이란 무엇인가? 원칙은 나만의 룰이다. 원칙은 나를 지탱하는 기준점이며, 사업을 하면서 수많은 갈림길 앞에 섰을 때 내가 선택할 수 있는 등대 같은 존재다. 원칙이 없는 사람은 늘 주저하게 된다. 이 길이 맞는지 아닌지 확신할 수 없으니 한참을 고민하다 결국 돌아가게 된다. 반면 원칙이 있는 사람은 길이 아무리 험해 보여도 그대로 나아간다.

사업 초기에는 모든 길이 험난해 보였다. 그리고 대부분의 길이 두려웠다. 그 길이 나를 어디로 데려갈지 알 수 없었기 때문이다. 하지만 원칙이 생기고 나서부터는 길을 보는 관점 자체가 바뀌었다. 전에는 단순히 평탄한 길과 험난한 길로만 보였다면, 이제는 험난한 길 속에서도 내가 좋아하는 것들이 보이기 시작했다. 길 자체가 목적이 아니라, 걸어가야 할 이유가 그 안에 숨어 있다는 것을 알게 된 것이다.

신념은 내가 하고 싶은 것에서 시작된다. 어릴 적 우리는 이런 질문을 자주 받았다. "너는 커서 뭐가 되고 싶니?" 많은 사람들은 작가, 운동선수, 과학자, 대통령 같은 대답을 한다. 하지만 그 대답이 진짜 자신의 신념에서 나온 것인지, 아니면 주변에서 주입된 욕망인지 고민해 본 적이 있는가? 신념은 남이 만들어 주는 것이 아니다. 내가 진정으로 원하는 것이 무엇인지 스스로 묻고, 실패를 겪으면서 답을 찾아가는 과정에서 만들어지는 것이다.

신념과 원칙이 없는 사람은 흔들리기 쉽다. 그리고 흔들리다 보면 결국 아무 상관없는 길로 빠지기 쉽다. 사업을 시작했는데도 전혀 관계없는 업종으로 이리저리 옮겨 다니거나, 단기적인 돈벌이에만 급급해지게 된다. 물론 그러한 일 자체가 나쁘다고 말할 수는 없다. 하지만 신념이 있는 사람과 없는 사람의 차이는 분명하다. 신념이 있는 사람은 길을 걷다 넘어져도, 다시 일어나 같은 방향으로 나아간다. 원칙이 있는 사람은 그 길에서 나오는 작은 기회들을 발견하고 잡아낸다.

사업 초기에 나는 여러 차례 실패했다. 그때마다 포기하고 싶었지만, 나를 일으켜 세운 건 내 신념이었다. 나는 내가 하는 일을 좋아했다. 그리고 그 일이 나를 어디로 데려갈지는 몰랐지만, 그 길이 옳다고 믿었다. 그 믿음이 있었기에 다시 일어날 수 있었다. 신념과 원칙은 실패 속에서 나를 붙잡아 주는 마지막 손잡이였다.

삶이 너무나도 힘들 때, 신념과 원칙은 우리를 무너지지 않게 해 준다. 원칙이 없다면 고난은 단순히 고통으로만 느껴질 것이다. 하지만 원칙이 있다면 고난은 우리를 더 단단하게 만드는 과정으로 느껴진다. 신념은 내가 가고자 하는 길이 옳다고 믿게 해 준다. 그리고 그 믿음이 있는 사람은 길이 아무리 험해도 끝까지 나아갈 수 있다.

세상에 수많은 성공 이야기가 있지만, 그 중심에는 항상 그들만의 신념과 원칙이 있었다. 내가 가는 길이 어떤 길인지 아직 확신할 수 없다면, 먼저 내 신념과 원칙부터 세워라. 신념이 없다면 성실함이라도 가져야 한다. 그리고 성실함 속에서 신념을 찾으면 된다. 신념은 하루아침에 생기지 않는다. 하지만 그것이 없다면, 우리는 세상 그 어떤 고난도 버틸 수 없다.

신념과 원칙을 먼저 세워라. 그래야 당신이 가는 길이 험난하더라도 끝까지 나아갈 힘을 가질 수 있다.

'무엇'을 '어떻게' 팔지
먼저 생각하라

사업의 본질은 단순하다. 무엇을 팔 것인가, 그리고 어떻게 팔 것인가를 고민하고 실행하는 일이다. 하지만 많은 사람들이 이 단순한 원리를 놓치고 돌아가는 길을 선택한다. 사업을 시작할 때마다 항상 먼저 물었다. "나는 무엇을 팔 수 있는가?" 그리고 이어서 생각했다. "그것을 어떻게 팔아야 할까?" 이 두 가지 질문에 대한 답을 찾는 데 모든 에너지를 쏟았다.

무엇을 팔지는 단순히 물건의 종류를 고르는 일이 아니다. 가진 자원, 나의 강점, 그리고 내 주변의 인프라를 하나하나 살펴보는 과정이다. 나는 언제나 나를 중심으로 둘러보았다. 내가 가진 경험과 연결된 사람들, 내가 할 수 있는 일, 그리고 내가 해결할 수 없는 부분을 보완해 줄 사람이 있는지를 점검했다. 이 과정은 단순히 시장조사를 하거나, 경쟁자를 분석하는 것과는 다르다. 이는 나 자신을 분석하고, 나의 한계와 강점을 명확히 아는 데서 시작된다.

예를 들어 처음 단열재 사업을 시작했을 때를 생각해 보면, 솔직히 단열재에 대해 아는 것이 거의 없었다. 하지만 내가 가진 네트워크와 인프라를 믿었다. 보험회사를 운영하던 시절, 건설업자들과 자주 만나던 경험이 있었다. 그들은 내가 단열재를 들고 찾아가도 낯설지 않은 사람들이었다. "건설업자들이 나를 신뢰하고, 그들이 쓸 단열재를 제공할 수 있다면 어떨까?" 그 가능성을 믿고 실행에 옮겼다. 단열재를 들여올 공급자를 찾았고, 재고를 준비했다. 그 과정에서 적잖은 어려움도 있었지만, 사람들과의 신뢰 관계 덕분에 사업을 꾸준히 이어 갈 수 있었다.

이 이야기는 단열재에 국한된 것이 아니다. 무엇을 팔 수 있을지를 고민할 때, 항상 두 가지를 점검했다. 이것을 잘할 수 있는가? 그리고 이것을 도와줄 사람을 알고 있는가? 이 두 가지 질문에 모두 "예"라고 답할 수 있다면, 그 사업은 돈이 될 가능성이 충분히 높았다.

하지만 무엇을 팔지 고민하는 데서 끝나지 않았다. "어떻게 팔 것인가"를 생각하는 것은 또 다른 도전이었다. 나는 막연한 영업을 좋아하지 않는다. 불특정다수를 대상으로 제품을 팔아 보겠다고 접근하는 것은 시간 낭비라고 생각한다. 대신 접근해야 할 타깃을 명확히 설정했다. 가장 가능성이 높은 집단, 내가 말하기 편하고 그들이 듣기 편한 사람들에게 집중했다.

단열재 사업에서도 나는 건설업자라는 특정 타깃을 설정했다. 보험회사 운영 경험 덕분에 그들의 언어를 알고 있었고, 단열재를 공급하려 한다는 이야기를 자연스럽게 꺼낼 수 있었다. 나의 접근 방식은 그들이 필요로 하는 제품과 서비스를 명확히 전달하고, 그들의 입장에서 생각한 솔루션을 제안하는 것이었다. 이렇게 타깃을 좁히고, 그들에게 적합한 방법으로 접근하는 것이 나만의 방식이었다.

사업에서 중요한 것은 폭넓게 시도하는 것이 아니다. 오히려 타깃을 좁히고, 그들에 대해 깊이 이해하며, 그들에게 맞는 방식으로 접근하는 것이 훨씬 효율적이다. 누구에게나 다가가려 하다 보면, 결국 누구에게도 깊은 인상을 남기지 못한다. 내가 무엇을 잘할 수 있는지, 그리고 어떤 사람들에게 가장 잘 다가갈 수 있는지를 명확히 이해해야 한다.

나는 늘 이렇게 생각한다. 사업은 두 가지 방식으로 이루어진다. 직접 찾아가 팔 것이냐, 아니면 사람들을 내게 오게 만들 것이냐. 이 선택은 단순하지만 결정적이다. 내가 가진 성격과 강점에 따라 내 방식으로 접근했다. 때로는 공격적으로 직접 찾아갔고, 때로는 사람들이 나를 필요로 하도록 만드는 전략을 세웠다. 중요한 것은 이 두 가지 중 나에게 맞는 방법을 찾아 실행하는 것이었다.

사람들은 종종 영업에 대해 잘못된 인식을 갖고 있다. 마치 타고난 재능이 있어야만 영업을 잘할 수 있는 것처럼 생각한다. 하지만 영업은 기술이다. 누구나 배우고, 노력하면 실력을 키울 수 있다. 처음부터 잘할 필요는 없다. 중요한 것은 시작하고, 시도하며, 점점 더 나아지는 것이다. 영어를 배우는 것처럼, 영업도 배우고 익힐 수 있는 기술이다.

나의 강점은 단순한 실행력이었다. 무엇을 팔아야 할지 결정했으면, 걱정보다 행동을 우선시했다. 스킬이나 경험이 부족하더라도 실행하면서 배우는 방식을 선택했다. 그 과정에서 내 약점은 점점 보완되었고, 강점은 더욱 강해졌다.

사업을 시작할 때 중요한 것은 단순히 제품이나 서비스를 고르는 것이 아니다. 무엇을 잘할 수 있는지, 그리고 어떻게 그것을 사람들에게 전달할 것인지에 대해 깊이 고민하는 것이다. 그리고 그 답은 항상 나 자신에게서 시작된다. 내가 어떤 사람인지, 무엇을 좋아하고 무엇을 잘할 수 있는지를 돌아봐야 한다.

무엇을 팔지 먼저 정하라. 그리고 그것을 어떻게 팔지 고민하라. 사업의 성공은 이 단순한 원칙에서 시작된다.

끊임없이
질문하라

삶은 목적지를 찾아가는 여정이다. 그리고 그 여정은 질문에서 시작된다. 목적지가 정해지면 자연스럽게 질문이 생긴다. "어떻게 거기까지 갈 것인가?", "내게 필요한 자원은 무엇인가?", "지금 가지고 있는 것으로 시작할 수 있는가?" 이런 질문에 하나씩 답을 찾아가는 과정이 결국 목표를 이루는 길이다. 질문은 단순한 호기심의 표현이 아니다. 그것은 우리를 움직이게 만드는 동력이고, 현실에 발을 딛게 하며, 앞으로 나아갈 방향을 가리킨다.

인생에서 가장 중요한 질문은 스스로에게 던져야 한다고 믿는다. 하지만 많은 사람들이 자신에게 질문하지 않는다. 삶이 힘들어도, 일이 잘 풀리지 않아도, 문제를 외면한 채 그저 지나간다. 그렇게 살면 결국 아무것도 바뀌지 않는다. 나 역시 그랬다. 내게 질문을 던지지 않던 시절에는 모든 문제가 외부에 있다고 생각했다. "왜 이 일이 잘 안 풀릴까?"라는 질문 대신, "운이 나빴다.", "타이밍이 안 맞았다."고 탓했다. 하지만 무엇을 잘못했는지, 무엇이 부족했는지 물어보지 않았기에, 같은 문제를 반복해서 만났다.

질문을 시작한 건 실패를 겪은 이후였다. 실패는 고통스러웠지만, 그로 인해 비로소 내게 질문을 던질 수 있었다. "왜 실패했지?" 처음에는 대답이 막막했다. 하지만 조금씩 답을 찾아갔다. "계산을 잘못했구나.", "사람을 잘못 믿었구나.", "이 정도 상황에서 멈췄어야 했는데, 욕심을 부렸구나." 실패의 원인을 하나씩 찾아내면서 조금씩 변할 수 있었다.

질문은 나를 변화시키는 시작점이었다. 스스로를 탐구하지 않으면, 아무도 나를 대신해 줄 수 없다. 내게 충분한 질문을 던지지 않으면, 타인의 조언도 들리지 않는다. 하지만 질문을 통해 나 자신을 이해하면, 다른 사람의 이야기도 의미 있게 들린다. 이것은 내가 술을 끊는 경험을 통해 뼈저리게 느꼈다.

사람들은 내게 종종 물었다. "왜 갑자기 술을 끊었어요?" 나도 한때는 술을 좋아했다. 술을 핑계 삼아 사람들을 만나고, 영업을 하고, 하루의 스트레스를 푸는 것이 일상이었다. 하지만 어느 순간, 그 모든 것이 진짜 목적이 아니라는 걸 깨달았다. 나는 술을 즐기기 위해 핑계를 만들고, 그 핑계로 내 삶을 소비하고 있었다. "왜 술을 마시지?"라는 질문에 답을 찾다 보니, 술을 끊어야겠다는 결론에 다다랐다.

술을 끊고 난 뒤, 내 삶은 훨씬 단순하고 명확해졌다. 술이 없으면 삶이 지루해질 거라고 생각했지만, 그 반대였다. 술 없이도 더 많은 것을 즐기고, 더 명확하게 나 자신을 바라볼 수 있었다. 이것은 단순히 술에 관한 이야기가 아니다. 질문이 없었다면, 여전히 술을 통해 내 삶의 공허를 채우려 했을 것이다. 하지만 질문을 통해 진짜 문제를 발견하고, 그 문제를 해결할 수 있었다.

질문은 단순히 문제를 발견하는 데서 그치지 않는다. 그것은 행동력을 만들어 낸다. 예를 들어, 물을 3일째 마시지 못한 사람이 있다고 해 보자. 그 사람은 어떻게든 물을 찾으려할 것이다. 산꼭대기에 물이 있다면, 그곳까지 올라가는 방법을 고민할 것이다. 절실한 상황은 행동을 만든다. 마찬가지로 간절함에서 나온 질문은 우리를 움직이게 한다.

간절함은 내가 원하는 것이 무엇인지, 그리고 그것이 왜 중요한지 깊이 탐구할 때 생긴다. "나는 무엇을 원하는가?"라는 질문은 단순한 자기탐구가 아니다. 그것은 왜 이 길을 가야 하는지, 왜 이 일을 포기할 수 없는지를 스스로 납득하게 만든다.

내가 원하는 것을 찾으면, 그다음 질문은 자연스럽게 이어진다. "어떻게 이걸 이룰 수 있을까?" 이 질문은 구체적인 행동으로 이어진다. 행동을 하고, 그 행동이 결과로 이어지면, 질문은 다시 반복된다. 이 과정에서 우리는 점점 더 구체적이고 실현 가능한 계획을 세울 수 있다.

질문의 힘을 술을 끊는 데서 느꼈고, 사업에서도 똑같이 경험했다. 처음 사업을 시작했을 때 나는 "어떻게 이걸 팔아야 하지?"라는 질문에서 출발했다. 그리고 이어서 "이걸 사줄 사람은 누구일까?"라는 질문을 던졌다. 질문은 점점 더 구체적으로 변했고, 답을 찾는 과정에서 내가 어떤 사람들에게 접근해야 하는지, 어떻게 그들에게 나의 가치를 전달해야 하는지를 배울 수 있었다.

질문은 우리가 지름길을 찾도록 돕는다. 목적지가 분명한 사람은 질문을 통해 더 빠르고 효율적인 방법을 찾아낸다. 반대로 질문하지 않는 사람은 목적지로 가는 길을 찾지 못하고 계속 같은 자리를 맴돈다.

끊임없이 질문하라. 당신이 가고자 하는 길이 있다면, 그 길에 대해 스스로에게 묻고 답하라. "왜 이 길을 선택했는가?", "이 길을 가기 위해 내가 할 수 있는 일은 무엇인가?" 그리고 "지금의 내 선택이 맞는가?" 질문은 당신의 길을 명확히 해 준다.

질문하지 않는 삶은 답을 찾을 수 없는 삶이다. 질문을 통해 당신의 목표를 발견하고, 그 목표를 향해 나아가라. 질문은 언제나 변화를 만들어 낸다.

살아 있는 한
실패란 없다

사업가의 꿈은 단순히 돈을 버는 데서 멈추지 않는다. 돈은 수단일 뿐이다. 진짜 사업가라면 언젠가는 '세상에 남을 무언가'를 꿈꾸게 된다. 그것은 건물 한 채일 수도 있고, 회사의 이름일 수도 있으며, 때로는 하나의 '마을'일 수도 있다. 나 역시 사업을 하면서 이런 꿈을 꾸게 될 줄은 몰랐다. 돈을 벌기 위해 시작했던 일들이 어느 순간부터 '남는 것'을 만들고 싶다는 욕망으로 변했다. 그 끝에 있는 것이 바로 '마을'이었다.

마을을 만든다는 건 단순히 건물을 짓는 일과는 다르다. 그것은 '사람이 사는 곳'을 만든다는 뜻이다. 물리적인 구조물은 돈이 있으면 누구나 만들 수 있다. 하지만 '삶이 있는 공간'을 만드는 일은 전혀 다른 차원의 문제다. 거기에는 가치와 원칙, 신념이 필요하다. 그 '가치와 원칙'을 중심으로 사람과 공간을 엮어 '공동체'를 만들고 싶었다.

이런 꿈은 갑자기 생긴 게 아니다. 사업을 하면서 수많은 사람들을 만나고, 다양한 사건을 겪으면서 차곡차곡 쌓여갔다. 사업은 언제나 사람과 얽히는 일이다. 수많은 계약과 협상이 오가고, 때로는 갈등과 배신도 있었다. 하지만 그 모든 과정을 통해 '함께할 사람들'을 분명히 구별할 수 있었다.

내가 원하는 '마을'을 상상하기 시작했다. 그곳은 단순히 집과 상점이 있는 곳이 아니다. 모든 구성원이 각자의 역할을 하면서도 서로에게 의지할 수 있는 '안전한 울타리' 같은 곳이었다. 마치 가족 같은 관계이지만, 혈연이 아니라 '가치와 원칙'으로 묶인 공동체였다.

이런 마을을 만들기 위해 가장 중요한 건 '같은 신념'을 가진 사람들을 모으는 일이었다. 마을은 건물로 채워지는 게 아니라 '사람'으로 채워진다. 믿음직한 사람, 책임을 지는 사람, 약속을 지키는 사람, 자기 일에 자부심을 가진 사람들. 그들이 있어야 마을은 비로소 완성된다.

처음에는 이 꿈이 터무니없는 공상처럼 느껴졌다. 하지만 사업을 하면서 점점 확신이 생겼다. 각자의 회사가 있지만, 협력과 공존을 중심으로 운영되는 '경제적 공동체'를 만들 수 있다면 어떨까? 개별 회사들이 이익을 공유하고, 서로의 필요를 채워주는 '사업의 마을'은 충분히 가능했다.

내가 그리는 마을에는 건설회사, 변호사 사무실, 세무사 사무소, 유통 업체 등 각종 사업체들이 들어선다. 그들은 상호 의존하면서도 독립적으로 운영된다. 예를 들어, 건설회사는 프로젝트를 진행할 때 마을 내 변호사와 계약서를 검토하고, 세무사는 세금 문제를 해결한다. 이런 협력 구조는 외부 시장과의 경쟁에서도 강력한 방패가 될 수 있다.

물론, 이런 협력은 단순한 계약이 아니다. '같은 원칙' 아래 뭉친 사람들 사이에서만 가능하다. 사업을 하면서 가장 많이 깨달은 건 원칙과 신념이 다르면 협력은 불가능하다는 점이다. 돈을 벌기 위해서만 움직이는 사람은 절대 함께할 수 없다. '함께 잘되자'는 생각을 가진 사람들만이 이 마을을 지탱할 수 있다.

이 마을은 단순히 경제적 협력을 넘어선다. 나는 사람들이

'사는 공간도 함께 만들고 싶었다. 집과 상점, 공공시설이 있는 마을을 상상했다. 아이들이 뛰어놀고, 어른들이 일을 하며, 노인들이 편안히 지낼 수 있는 곳. 병원과 학교, 복지 시설도 갖춘 자급자족형 마을이다.

이런 꿈을 사람들에게 이야기하면 "그건 공산주의 아니냐?"라는 반응을 듣기도 한다. 하지만 내가 그리고 싶은 마을은 그런 인위적인 체제가 아니다. 내가 원하는 건 '자발적 연대'다. 서로의 원칙을 지키며 살아가는 사람들이 자발적으로 뭉쳐 만드는 공동체다. 이곳에서는 각자의 역할이 존중받고, 노력한 만큼의 대가가 돌아가야 한다.

이 마을이 '사업가들의 이상향'이 될 수 있다고 생각한다. 수익을 추구하면서도 도덕성을 잃지 않는 사업가들의 공동체. 신뢰와 책임을 기반으로 경제적 성공을 추구하는 사람들만이 들어올 수 있는 곳. 이곳에서는 개인의 성공이 공동체의 번영으로 이어진다.

사업가는 결국 '세상을 만드는 사람'이다. 단순히 돈을 버는 데 그치는 게 아니라, 세상에 남을 무언가를 만들어야 한다. 나는 사업을 통해 '사람이 중심인 마을'을 만들고 싶다.

그곳은 사업이 아니라 '삶'이 있는 곳이 될 것이다.

이 꿈을 절대 포기하지 않을 것이다. 사업가는 돈을 벌기 위해서만 존재하는 게 아니다. 돈을 넘어 '가치'를 만들고, 그 가치를 통해 '세상'을 바꾸는 사람. 나는 그런 사업가가 되고 싶다. 내 마을은 반드시 현실이 될 것이다.